Veronica Frenzel

Ein Jahr in Andalusien

Veronica Frenzel

Ein Jahr in Andalusien

Reise in den Alltag

HERDER

FREIBURG · BASEL · WIEN

Originalausgabe

www.herder.de

Satz: Dtp-Satzservice Peter Huber, Freiburg
Herstellung: CPI Moravia Books, Pohorelice

Gedruckt auf umweltfreundlichem, chlorfrei gebleichtem Papier
Printed in Czech Republic

ISBN 978-3-451-06171-4

Inhalt

September

Tausendundeine Nacht

Der Fahrtwind bläst mir heiß ins Gesicht, meine Oberschenkel kleben an den Kunststoffbezügen der Sitze, meine Augen brennen. Es ist Anfang September, und gerade bin ich über die Grenze zwischen Kastilien-La Mancha und Andalusien gefahren, durch die Schlucht von Despeñaperros. Vor mir ein Meer von Olivenbäumen, ab und zu taucht dazwischen ein weiß getünchtes Cortijo, ein Bauernhaus, auf. Ich drehe die Musik auf volle Lautstärke. Die Klänge der Flamenco-Fusion-Band Chambao dröhnen aus den kleinen Boxen, „Volando voy“ singt Frontfrau La Mari, ich fliege. Es ist eine Coverversion des Lieds der Flamenco-Legende Camarón de la Isla. In meinem knallroten VW-Bus bin ich auf dem Weg nach Granada. Später Nachmittag, die Sonne steht tief, der Asphalt der Autobahn flimmert in der Hitze. Die gefühlte Temperatur in meinem Bus liegt bei über vierzig Grad. Ich greife nach der Wasserflasche auf dem Beifahrersitz; sie ist kochend heiß. Ohne zu zögern, schütte ich mir den Rest des Wassers einfach über den Kopf. Aber die Erfrischung hält nur kurz an, schon nach wenigen Minuten hat der Fahrtwind mein T-Shirt wieder staubtrocken geblasen.

Drei Jahre ist es her, dass ich ein Jahr lang in Granada studiert und in dem arabischen Viertel Albayzin gelebt habe. Ein Anruf genügte, um mich wieder in die lebensfrohe Stadt am untersten Rand von Südspanien zu locken. Eine befreundete Regisseurin rief mich an, sie plane einen Dokumentarfilm über die spanische Frau. „Am liebsten würde ich in Andalusien drehen“, sagte sie und fügte schnell hinzu, ich würde mich dort doch sehr gut auskennen. Ob ich nicht die Vorrecherche und die Produktion übernehmen wolle. Mehr war nicht nötig, meine Entscheidung war gefallen. Den Job als Reporterin bei der Lokalausgabe einer Münchner Zeitung gab ich kurzerhand auf. Mein wichtigstes Hab und Gut packte ich in den Bus, und schon ging es los. Innerhalb von zwei Tagen hatte ich Frankreich und Nordspanien durchquert, nach einem Zwischenstopp bei einem Bekannten in Madrid ging es dann weiter nach Andalusien. Jetzt sitze ich in meinem Auto, singe laut „Volando voy" mit der Sängerin von Chambao und beschließe, die vierzig Grad im Schatten zu genießen, während mein Blick immer wieder von der Straße in die von der Sonne golden angestrahlten Ölbaumhaine schweift.

In ein weiches Orangerot hat die Abendsonne die Stadt getaucht, als ich in Granada ankomme. Selbst die hässlichen Vorortsiedlungen, die ich auf dem Weg in die Altstadt passieren muss, bekommen in diesem Licht einen schönen Anstrich. Für die letzte Etappe der Fahrt habe ich echten Flamenco aus meiner CD-Sammlung gefischt, die sich während der drei Tage Fahrt auf dem Beifahrersitz und auf dem Boden verteilt hat. Camarón de la Isla singt jetzt „Como el Agua". Auf der Hauptstraße Gran Vía de Colón empfangen mich der vertraute Lärm der röhrenden Vespas und die Halbwüchsigen, die auf ihren Mopeds ohne Helm und mitten im dichtesten Verkehr waghalsige Kunststücke vollführen. Touristen und Granadinos in luftigen Sommerkleidern drängen sich auf den Gehsteigen. Die ersten Nächte in meiner alten Heimat will ich bei meiner Freundin Esther verbringen. Sie wohnt mitten im Albayzin, meinem alten Viertel, das genau gegenüber der maurischen Palastanlage Alhambra liegt. Während ich im chronischen Stau an der Gran Vía stehe und aus dem Fenster das bunte Treiben auf den Gehwegen verfolge, erinnere ich mich an einen Schleichweg, der einem die lästige Parkplatzsuche in der Innenstadt erspart. In dem Viertel Haza Grande, genau oberhalb des Albayzin gelegen, gab es immer ausreichend Platz. Und auch jetzt enttäuscht mich der Geheimtipp nicht: Kaum bin ich in Haza Grande angekommen, stehe ich auch schon vor einer großen Parklücke. Ich packe Wäsche zum Wechseln, die Zahnbürste und die Kamera in meine Umhängetasche.

Bevor ich in die Gassen des Albayzin eintauche, halte ich kurz am Aussichtspunkt San Cristóbal an. Die Alhambra glüht jetzt rot, die letzten Sonnenstrahlen fallen auf die Stadt, dahinter liegen die grünen Gartenanlagen des Generalife bereits im Dunkeln, die Dachziegel des Häusermeers leuchten. Ich atme die Stimmung ein, jeden Moment, so scheint es, könnte hinter einer Ecke ein dunkelhäutiger Maure mit Kopftuch auftauchen. Ein Hochgefühl macht sich in mir breit, und die Müdigkeit der Autofahrt ist plötzlich von mir abgefallen. Beschwingt laufe ich die Gassen hinunter.

An der Plaza Larga, wo Esther wohnt, tobt jetzt in den frühen Abendstunden das Leben. Ein junger Mann mit Thaihosen und Rastazöpfen, der auf einer Bank sitzt, spielt auf seiner Gitarre eine Bulería, ein Mädchen in kurzem Sommerkleid steht daneben und begleitet ihn mit ihren Händen – die Palmas, die Handflächen, sind eines der wichtigsten Instrumente beim Flamenco. Ein paar der Tische auf dem Platz sind schon besetzt, die Kellner tragen Cañas, kleine Gläser mit Bier, heraus, dazu gibt es riesige Portionen Ensaladilla Rusa – Kartoffel-Mayonnaise-Salat – oder Weißbrot mit Chorizo, scharfer spanischer Paprikawurst. Wer in Granada ein Bier trinken geht, muss sich um sein Abendessen nicht mehr sorgen. Zu jedem Getränk gibt es ungefragt eine Tapa dazu.

Ich klopfe an der niedrigen Holztür. Es dauert ein bisschen, bis Esther mit verschlafenem Gesicht öffnet. „Hola!", ruft sie mir entgegen und fällt mir um den Hals. Ein riesiger Hund drängt sich zwischen uns, „der gehört meinem neuen Freund", sagt sie, als sie mich wieder aus der Umarmung entlässt, und da sehe ich schon schemenhaft hinter ihr in der Dunkelheit des Wohnzimmers einen langhaarigen Mann mit nacktem Oberkörper auf dem Sofa sitzen. „Wir haben gerade Siesta gehalten", sagt sie entschuldigend und reibt sich die Augen. Seit ich Esther vor ein paar Jahren kennengelernt habe, wechselt sie ihre Freunde genauso oft wie ihre Jobs. Immer ist es die große Liebe, und immer hält sie höchstens ein paar Monate. „Komm rein, das ist Pedro", stellt sie uns vor. Zwei Küsschen, und ich nehme neben ihm auf dem Sofa Platz. Während Pedro sich einen Tee macht, klärt Esther mich über die wichtigsten Veränderungen in ihrem Leben auf. Esther ist Sozialarbeiterin und wieder einmal auf der Suche nach dem nächsten Aushilfsjob, Pedro ist seit ein paar Monaten da – ein kleiner Rekord – und es hört sich alles so an, als würde er auch länger bleiben.

Eine Hand dreht eine Zigarette, die andere sucht zwischen den Sofaspalten nach einem Feuerzeug. Esther inhaliert tief und sagt dann wie nebenbei: „Du hast übrigens schon ein Zimmer. Bei Charo ist was frei. Nachher schauen wir bei ihr vorbei." „Das ist ja wunderbar!" Charo ist eine junge Künstlerin, die in einem wunderschönen alten Haus mit Blick auf die Alhambra wohnt, nur ein paar Straßen weiter. Als ich in Granada studierte, war ich oft bei ihr auf der Dachterrasse. Es war damals so etwas wie der Treffpunkt unseres Freundeskreises nach der Uni. Wenn ich in Deutschland an Granada zurückdachte, erinnerte ich mich unweigerlich an Charos Terrasse.

Am liebsten würde ich gleich zu ihr gehen und alte Zeiten wieder aufleben lassen, aber erst einmal setzen wir uns an einen der Tische an der Plaza Larga und bestellen uns ein paar Bier. Kaum haben wir uns niedergelassen, springt Esther schon wieder auf und begrüßt ein Pärchen, das nebenan auf einer Bank sitzt. Die beiden gesellen sich dazu, und innerhalb weniger Minuten hat sich eine große Gruppe um uns geschart. Granada, wie es in meiner Erinnerung lebt. „Das ist Veronica", stellt Esther mich vor, und ich begrüße jeden Neuankömmling mit zwei Wangenküsschen. Alle reden durcheinander, langweilig wird es nie, ich fühle mich wieder mitten in mein Studentenleben zurückversetzt. Nach zwei Bier sind wir satt und einer schlägt vor, zum Aussichtsplatz Mirador de San Nicolás zu gehen.

Auf dem Spaziergang durch die verwinkelten Gassen des Viertels erzähle ich Eva, einer jungen Frau aus der Gruppe, dass ich auf der Suche nach Protagonistinnen für einen Dokumentarfilm über die andalusische Frau bin. Gleich ist sie von der Idee begeistert und sieht sich anscheinend schon in der Rolle der Protagonistin, denn sie erzählt mir von der eigenen Familie, vor allem von ihrer Großmutter. Die Geschichte klingt wirklich spannend. Seit sie Witwe ist, ist die alte Dame anscheinend richtig aufgeblüht. „Sie tanzt Flamenco, spielt Theater und trifft sich mit Freundinnen zum Kaffee. Als mein Opa noch lebte, wirkte sie hingegen, als wäre sie schon fast tot. Sie ging nie raus, war den ganzen Tag mit Kochen und Putzen beschäftigt und war ihm zu Diensten." Eva selbst hat Regie in Barcelona studiert und versucht sich jetzt mit Kurzfilmen über Wasser zu halten. Ich notiere sofort ihre Telefonnummer und wir verabreden uns vage auf einen Tee in den nächsten Tagen.

Vom Mirador San Nicolás blickt man direkt auf die Alhambra. Jetzt, im Dunkeln, sieht die gelb angestrahlte Palastanlage aus, als würde sie über der Stadt, in der nur ein paar Lichter brennen, schweben. Auf dem Platz spielt jemand auf der Gitarre, ein Mädchen jongliert mit Feuerbällen, ein Junge trommelt auf einem afrikanischen Djembé. Zur fortgeschrittenen Stunde verirrt sich kaum ein Tourist auf den Platz, der weit oben im Albayzin liegt, die Bewohner, fast ausschließlich junge Alternative und Gitanos, spanische Roma, haben ihn jetzt ganz für sich. Als es schon fast zwölf Uhr ist, packt mich Esther am Arm. „Lass uns zu Charo gehen." Pedro lässt sie auf dem Platz zurück, er ist gerade in ein Gespräch vertieft.

Nur ein paar hundert Meter entfernt liegt das einstöckige Häuschen, in dem Charo in einer Zweier-Wohngemeinschaft lebt. „Tanto tiempo! – So viel Zeit ist vergangen", begrüßt sie mich stürmisch und drückt mich fest. Als wir uns wieder loslassen, steuert sie in die Küche, holt eine große Bierflasche aus dem Kühlschrank und lotst uns auf die legendäre Dachterrasse. „Das passt perfekt, mein letzter Mitbewohner ist gerade ausgezogen", sagt sie, nimmt einen großen Schluck aus der Flasche und reicht mir dann das Bier. Ich erzähle ihr von meinen Plänen, ein paar Monate in Granada zu bleiben, um für den Dokumentarfilm zu recherchieren. „Hier gibt es eine riesige Auswahl an interessanten Andalusierinnen", sagt sie augenzwinkernd, Charo steht auf Frauen, und: „Du kannst gleich morgen früh mit deinen Sachen vorbeikommen." Dann erzählt sie von ihrem neuen Projekt, im Rathaus soll sie einen Saal bemalen. Esther und ich lauschen begeistert, doch plötzlich überkommt mich eine große Müdigkeit. Ich merke jetzt doch, dass ich fast drei Tage lang hinterm Steuer gesessen bin.

Am nächsten Morgen schlafen Esther und Pedro noch, als ich aus dem Haus gehe. In den Gassen des Albayzin ist es still, die Sonne brennt auch im September schon um neun Uhr gnadenlos auf die Stadt herunter. Obwohl ich nur ein leichtes Sommerkleid anhabe, bilden sich Schweißperlen auf meiner Stirn. Meine neue Mitbewohnerin ist bestimmt auch noch nicht wach, weshalb ich beschließe, erst einmal zu frühstücken. In einer kleinen Bar hinter dem Mirador San Nicolás bestelle ich am Tresen einen Café con Leche und ein getoastetes Weißbrot mit geriebener Tomate und Olivenöl. Der Kellner scheint ein Morgenmuffel zu sein, meine Bestellung nimmt er entgegen, ohne die Miene zu verziehen, und als ich nach der Tageszeitung frage, legt er sie mir wortlos neben den Kaffee. Trotzdem kann ich mir gerade keinen besseren Start in den Tag vorstellen.

Als ich wieder aufblicke, lässt sich eine Gruppe Marokkaner an einem der Tische auf der Terrasse nieder. „Sie waren bestimmt gerade beim Morgengebet in der Moschee von Granada", sage ich halblaut vor mich hin. Mit einer Antwort des Kellners rechne ich nicht. In der Nähe des bekannten Aussichtspunkts hat die islamische Gemeinde der Stadt im Jahr 2003 den Tempel eingeweiht, mitten im arabischen Viertel Albayzin. Mehr als fünfhundert Jahre waren da seit der christlichen Rückeroberung der Stadt durch die Katholischen Könige im Jahr 1492 vergangen; in all den Jahren hatte es keine Moschee in der Stadt gegeben. In den engen Straßen von Granada war der Geist der Mauren, der mittelalterlichen islamischen Besatzer der Iberischen Halbinsel, zwar stets präsent, aber erst in den letzten Jahren kamen auch die Muslime zurück. Den Anfang machten die Marokkaner, die im unteren Albayzin Teehäuser eröffneten und Schmuck und Kleider aus ihrer Heimat verkauften. Zu der islamischen Gemeinschaft gehören heute aber auch viele Spanier und Europäer, die zum Islam konvertiert sind.

„Cuánto es? – Wie viel macht das?", frage ich den Kellner. Nachdem er kassiert hat, frage ich ihn noch, ob man die Moschee einfach so besuchen könne. „Ja", sagt er mürrisch. Es scheint nicht sein Lieblingsthema zu sein. „Gleich gegenüber ist der Eingang."

Die Architekten des Tempels haben sich an der alten

maurischen Bauweise orientiert. Überall sind Sterne und Halbmonde versteckt, auch der Garten ist sternförmig angelegt, in der Mitte plätschert ein kleiner Brunnen, verziert mit bunten maurischen Kacheln. Die Moschee selbst ist ein riesiger runder, mit Teppichen ausgelegter Raum. Ein paar Männer in weiten weißen Hosen und Hemden reden und gestikulieren wild in einer Ecke. Auf einem schwarzen Brett sind verschiedene Termine angeschlagen. Ganz unten steht, dass Besucher nur auf Anmeldung empfangen werden. Bevor ich die Moschee eilig verlasse, sehe ich noch, dass am nächsten Dienstag ein Vortrag über den modernen Islam in Granada stattfindet. Klingt spannend, ich notiere mir den Termin im Notizbuch.

Als ich bei Charo klopfe, macht sie sofort auf. Sie trägt einen weißen Kittel, voller Farbtupfer, und auch ihre Hände haben ein paar Spritzer abbekommen. „Ich habe gerade meine kreative Phase", sagt sie und lacht verlegen. „Willst du einen Kaffee?" Sicher, auch wenn ich gerade einen getrunken habe, sage ich nicht nein. Denn das ergibt eine gute Gelegenheit, mit Charo zu plaudern. Während sie sich in der Küche zu schaffen macht, schaue ich mir die Wohnung genauer an. Obwohl ich schon so oft da war, habe ich mir die Zimmer nie genau angesehen. Die Wände sind innen genauso weiß gekalkt wie außen. Das Wohnzimmer, wo ich schon so oft gesessen bin, hat einen großen offenen Kamin, davor sind zwei gemütliche Sofas angeordnet, dahinter ein großer Esstisch und ein Bücherregal. Eine schmale Treppe führt von hier hinauf auf die Dachterrasse, ein Gang zu den übrigen Zimmern. „Deines ist das auf der linken Seite!", ruft Charo mir aus der Küche zu; anscheinend hat sie mitbekommen, dass ich die Wohnung inspiziere. Ich öffne die Tür und stehe in einem winzigen Raum, der fast vollständig von einem Doppelbett ausgefüllt ist. Unter einem Fenster stehen ein kleiner Schreibtisch und ein Stuhl, rechts ein Bücherregal, links eine Kommode. Eigentlich ist das Zimmer viel zu klein, um sich wohlzufühlen, aber der Blick aus dem Fenster überzeugt mich sofort. Außerdem ist es bestimmt spannend, mit Charo zusammenzuleben. Vor mir sehe ich die Alhambra, dahinter das Gebirge Sierra Nevada. „Die Aussicht ist ja unschlagbar", sage ich zu Charo, als ich wieder in der Küche bin. Wir bleiben an dem runden Tisch sitzen, auf der Dachterrasse ist es jetzt um elf Uhr schon viel zu heiß.

Ich verrate Charo nicht, wie sehr es mich auch reizt, ihr Künstlerleben in Nahaufnahme zu sehen. Vielleicht lerne ich von ihr ja, ein bisschen mehr in den Tag zu leben und nicht immer alles so genau zu planen. „Darf ich deine Bilder sehen?", frage ich sie also. Charo ziert sich erst ein wenig, führt mich dann aber doch in ihr Atelier. Ein kreatives Chaos. An den Wänden lehnen bunte Farbexplosionen. Anstatt auf Leinwände malt sie ihre lebensfrohen Gemälde auf ausrangierte Holztüren. Am Boden stehen Töpfe mit einem großen Vorrat an Grundfarben. „Que original!", sage ich, und Charo sieht unsicher zu Boden. „Findest du?" Ihre kreative Phase scheint vorbei zu sein, sie blickt skeptisch auf ihr Werk. „Ich muss weg, um zwölf Uhr fange ich zu arbeiten an", sagt sie dann unvermittelt. Charo klärt mich auf, dass sie drei Tage in der Woche in einer Tetería, einer Teestube, aushilft, um überleben zu können. Der Job im Rathaus ist vermutlich nur ein einmaliger Großauftrag. Auch meine Miete wird ihr Einkommen bestimmt aufbessern. In Granada ist es üblich, sich von Mitbewohnern mehr als die Hälfte des Mietpreises bezahlen zu lassen. Sie gibt mir den Schlüssel und ist schon im Bad verschwunden.

Auf dem Weg zu meinem VW-Bus klopfe ich bei Esther. Die beiden sind gerade mit dem Frühstück fertig geworden. „Gefällt es dir?", fragt sie mich. „Das Zimmer ist zwar klein, aber der Ausblick ist einmalig", antworte ich. „Wir helfen dir, deine Sachen in dein neues Heim zu bringen", sagt sie und stößt Pedro an. „Es ist gerade total heiß", merke ich an, aber die beiden haben anscheinend keine Angst vor der Hitze. Voller Tatendrang laufen sie mit mir zu meinem Auto. „Que guay! – Wie cool", sagt Pedro, als er meinen Bus sieht. „Ich wollte auch immer so einen haben." „Der ist nur etwas für jemanden, der etwas von Motoren versteht", erkläre ich ihm, und damit es keine Missverständnisse gibt, füge ich gleich an: „Ich glaube, ich sollte ihn bald abgeben." Auf den letzten Kilometern vor Granada hat der Motor verdächtig gequalmt – obwohl ich alle paar hundert Kilometer den Kühlwasserstand überprüft habe. Zwei große Rucksäcke und zwei Kisten warten im hinteren Teil, die Fenster hatte ich für die Reise mit Tüchern verdeckt, damit keiner auf dumme Gedanken kommt. Ich hänge mir beide Rucksäcke um, Esther und Pedro schnappen sich die Kisten.

Wieder alleine, verstaue ich meine Siebensachen in dem Minizimmer. Als ich Fotos und Bücher im Regal platziere, fällt mir eine Postkarte entgegen. Die Alhambra ist zu sehen und auf der Rückstücke steht in sorgfältiger Schrift: „Para Veronica. Para que no me olvide. – Für Veronica. Damit sie mich nicht vergisst." Die Karte ist nicht unterschrieben. Jaime, meine Romanze aus der Studienzeit, hat sie mir geschickt, als ich gerade wieder zurück in Deutschland war. Ich habe den schmalen jungen Mann mit den langen braunen Locken und dem verschmitzten Lachen nicht vergessen. Vielleicht hat die Erinnerung an ihn sogar dazu beigetragen, dass ich so Knall auf Fall nach Andalusien aufgebrochen bin, als sich die erste Gelegenheit bot? Aber ich zweifle daran, dass er sich überhaupt noch an mich erinnert. Romantische Sprüche hatte er ständig auf den Lippen, mich machte er damit ganz schwach. Doch ich erinnerte mich immer wieder daran, dass ich bestimmt nicht das erste Nordlicht war, das er damit bezirzte. Nachdem wir uns in einer Nacht in der Flamencobar Eshavira kennengelernt hatten, besuchte er mich noch ein paar Mal in Granada. Jaime lebt in Málaga, rund hundert Kilometer weiter südlich, an der Costa del Sol. Als ich zurück in München war, schickten wir uns noch ab und zu eine Postkarte, aber irgendwann brach der Kontakt ab.

Mein Ausflug in die Vergangenheit erinnert mich daran, dass ich Flamenco tanzen lernen will. Vielleicht entdecke ich dort auch gleich ein paar mögliche Protagonistinnen für den Film. Also mache ich mich auf in das Viertel Sacromonte, dorthin, wo die meisten Gitanos der Stadt leben. Sie sind die Schöpfer des andalusischen Blues. Die Leidenschaft, mit der sich die Sänger in die Geschichten der Lieder hineinversetzen, fasziniert mich, seit ich das erste Mal in einem Flamenco Tablao war. Jaime war es, der mir damals in der Bar Eshavira erklärte, um was es in den Stücken ging. Die Zutaten waren immer die gleichen: eine schwache, wunderschöne Frau, ein weiser, leidenschaftlicher Mann und ein große, aber meist unmögliche Liebe. Jaime ist ein Liebhaber des Flamenco, deshalb kam er oft sonntags nach Granada, wenn im Eshavira eine Aufführung anstand. Das ernsthafte Mienenspiel und die filigranen Handbewegungen der Tänzerinnen, die in Andalusien jedes kleine Mädchen nachahmt, wenn Flamenco ertönt, wollte ich seitdem auch können.

In dem Viertel Sacromonte drängen sich niedrige Häuser an die steilen Hänge des Tals Valparaíso, im Osten von Granada. Die flachen Häuser sind aber nicht so klein, wie sie aussehen: Die Gitanos haben den Fels ausgehöhlt, um mehr Platz zu schaffen. Im 16. Jahrhundert ließen sich hier die Ausgegrenzten der damaligen Gesellschaft nieder. Dazu gehörten neben Mauren und Juden auch die Gitanos, die gerade in Andalusien angekommen waren – angeblich aus Indien. Der Legende nach sollen die Andersgläubigen ihre

Schätze zwischen den Olivenbäumen im Tal Valparaíso versteckt haben, als die Katholischen Könige sie im Jahr 1570 endgültig aus Spanien vertrieben, weil sie nicht alles mitnehmen konnten und weil sie davon ausgingen, bald wiederzukommen. Als die Gitanos dann allein zurückblieben, sollen sie auf der Suche nach den Schätzen die Höhlen in den Berg gegraben haben, in denen sie heute noch immer leben. Auch jetzt noch sind die Gitanos eine Randgruppe in der spanischen Gesellschaft. Die Arbeitslosenzahl liegt bei ihnen wesentlich höher als in der übrigen Gesellschaft, sie machen viel seltener Abitur als die Payos, wie die Gitanos die übrigen Spanier nennen, und auch die Statistik der Drogenabhängigen führen sie an. Flamencospektakel für Touristen locken heute in Scharen Urlauber nach Sacromonte; die Gitano-Folklore ist gefragt. Aber auch wenn tatsächlich viele Lokale für die Touristen eingerichtet worden sind, schlägt hier wirklich das Herz des Flamenco.

In den Gassen von Sacromonte fühle ich mich wie in einem Dorf. Kaktusfeigen krallen sich an die Felswände, die Häuser haben alle nur eine Etage, auf den flachen Dächern flattert zum Trocknen aufgehängte Wäsche im Wind. Auf einem der kleinen Plätze des Viertels treffe ich auf eine Gruppe junger Mädchen, die zusammensitzen und plaudern. „Hola, kennt ihr jemanden, der Flamenco-Unterricht gibt?", frage ich sie. Die Mädchen kichern. Anscheinend finden sie die Vorstellung, dass ich als Ausländerin Flamenco lernen will, komisch. Kurz bin ich verunsichert, aber so schnell lasse ich mich nicht von meinem Vorhaben abbringen. Nachdem ich noch mal nachfrage, erbarmt sich eines der Mädchen meiner. „Ven! – Komm mit", sagt sie und führt mich zu einem der niedrigen Häuser gleich in der Nähe.

„Amaraaa!", schreit sie, die letzte Silbe des Namens zerrt sie in die Länge, gleichzeitig klopft sie energisch an die Tür. Eine ältere Frau mit argwöhnischem Blick öffnet. „Sie will

Flamenco lernen", sagt das Mädchen und zeigt auf mich. Die Frau mustert mich von oben nach unten, dann gibt sie mir anscheinend das Placet, denn mit einer kurzen Kopfbewegung gebietet sie mir, hereinzukommen. Das Mädchen verschwindet, und einen Moment lang wundere ich mich über meine eigene Courage. Im Halbdunkel der Höhlenwohnung erkenne ich vage Schwarz-Weiß-Fotografien einer Flamencotänzerin. Der Fernseher läuft, und eine große schwarze Katze räkelt sich auf dem Esstisch. Die Frau setzt sich auf einen Sessel, die Katze springt auf ihren Schoß, und sie beginnt, das Tier zu kraulen. „Du willst also Flamenco tanzen", sagt sie, ohne aufzublicken. Ich bin nervös wie bei einem Bewerbungsgespräch. „Sí", mehr bringe ich nicht heraus. „Setz dich doch", sagt die alte Gitana plötzlich freundlich, und das Eis ist gebrochen. Sie erklärt, dass sie Amara heißt, was auf Kalé, der Sprache der Gitanos, die Frau mit den braunen Füßen heißt. Früher sei sie eine bekannte Tänzerin gewesen und sogar in Madrid aufgetreten. „Die Aufnahmen sind von mir", sagt sie stolz und zeigt auf die Fotos an der Wand. Meine Augen haben sich mittlerweile an die Dunkelheit gewöhnt, eine wunderschöne Frau mit schwarzen Augen, dunkler Hautfarbe, markanter Nase und schwarzem, streng nach hinten gebundenem Haar blickt mir von den Bildern entgegen. Auf keiner der Fotografien lächelt sie, ihr Blick ist immer todernst. „Geben Sie Unterricht?", frage ich. „Ja, aber nur einer Handvoll Mädchen aus dem Viertel", sagt sie. „Du solltest zu einer der großen Schulen im Zentrum gehen", rät sie mir. Doch dass ich bei einer echten Gitana Flamenco lernen will und nicht in einer der modernen Ausbildungsstätten in der Altstadt, habe ich mir fest vorgenommen. „Kann ich es nicht einmal bei Ihnen versuchen?", frage ich nachdrücklich und setze meinen nettesten Blick auf. „Vale – Also gut", sagt sie schließlich, „komm morgen um sieben Uhr hier vorbei."

Als ich am nächsten Tag zu der abgemachten Zeit an ihrer Tür stehe, höre ich schon die rhythmische Musik und das Stampfen der klobigen Absatzschuhe auf dem Steinboden der Höhle. Ich habe mir zu dem Anlass trotz der Hitze extra einen langen Rock und feste Schuhe angezogen. Als ich in die Höhle trete, sehe ich drei wunderschöne Gitanas mit Flamencoschuhen, schwarzen, gerafften Kleidern und elegant bestickten Dreieckstüchern, den Mantones. Sie drehen sich grazil um sich selbst, bewegen ihre Hände mit einer unnachahmlichen Grazie. Am liebsten würde ich gleich wieder rückwärts aus der Tür gehen, aber Amara hat mich schon entdeckt. „Hast du etwa keine anständige Kleidung?", fragt sie forsch. Sie verschwindet im hinteren Teil der Höhle und kramt einen Flamenco-Rock hervor. Doch sofort wandert ihr Blick zu meinen Füßen. „Hier, zieh das an. Und richtige Schuhe brauchst du auch unbedingt." Sie schnalzt ein paar Mal laut mit der Zunge. Kleinlaut sage ich: „Ich glaube, am besten schau ich heute nur zu ..." „Nichts da", unterbricht mich Amara hart und herrscht mich dann an: „Venga! – Auf geht's." Ich reihe mich also neben den drei Grazien ein, Amara richtet sich vor uns auf und blickt herausfordernd geradeaus. Ihren Rock lüpft sie mit beiden Händen hoch, damit wir ihre Füße sehen können. Dann geht es los. Wie ein Wirbelwind stampft sie im Takt der Musik auf den Boden, den übrigen Körper hält sie steif, nur die Füße sind in ständiger Bewegung. Dann lassen ihre Hände den Rock fallen und beginnen wie Wellen um ihren Körper zu tanzen. Die Finger spreizen sich grazil ab. Meine drei Mitstreiterinnen tun es ihr gleich, nur ich bleibe wie ein Stock stehen. Amara korrigiert die Bewegungen der Mädchen scharf, an denen in meinen Augen nichts zu bemäkeln ist. Für mich hat sie kein Wort übrig. Ich versuche alles nachzuahmen, fühle mich aber eher wie ein Trampeltier als wie eine Flamencotänzerin.

Die Stunde vergeht wie in Zeitlupe. Ich warte, bis die drei Mädchen sich verabschiedet haben, dann sage ich: „Amara, ich glaube, ich muss Einzelstunden nehmen. In deine Gruppe kann ich nicht einsteigen." Ich scheine ihr wirklich sympathisch zu sein, denn sie bietet mir tatsächlich an, sich meines hoffnungslosen Falles anzunehmen. Dann gibt sie mir noch den Namen eines Geschäfts mit, in dem ich mir die notwendige Ausrüstung kaufen kann. Das Abenteuer Flamenco wird ernster als erwartet. Aber jetzt kann ich keinen Rückzieher mehr machen. Ich lasse die Höhlen des Sacromonte zurück, durchquere die Gassen des Albayzin und nehme Kurs auf die moderne Stadt, um mich als Flamenca auszustatten. Ich bin mitten im Leben von Granada angekommen.

Oktober

Die Liebe im Flamenco-Lokal

Schon ein paar Mal war ich im Eshavira, seit ich in Granada angekommen bin. Doch jedes Mal schlägt mein Herz höher, wenn ich die Holztreppe erklimme, die zu dem niedrigen Raum führt, in dem die Bühne des Lokals liegt. Mein Blick erfasst dann sofort alle Gesichter, und erst wenn ich sicher bin, dass ER nicht da ist, suche ich mir einen Platz, am besten mit Blick auf den Eingang. Das Lokal, in dem jeden Sonntag ab elf Uhr abends Flamenco live zu sehen und hören ist, ist für mich untrennbar mit Jaime verbunden. Kaum betrete ich die verrauchte Kneipe, taucht sein Lockenkopf vor meinem inneren Auge auf. Heute Nacht ist es nicht anders. Nur dass dieses Mal mein Herz zu rasen beginnt, als ich die letzte Stufe überwunden habe. Denn da sitzt er in einer Ecke, ganz in die Musik versunken, und klopft den Rhythmus mit der flachen Hand auf den Tisch. Ich bleibe zuerst wie versteinert stehen, alle andalusische Leichtigkeit, die ich nach ein paar Wochen Granada verinnerlicht zu haben glaubte, ist auf einen Schlag von mir gewichen. Schließlich reiße ich mich zusammen und gehe auf ihn zu. „¡Hola, que sorpresa! – Was für eine Überraschung!“, sage ich möglichst beiläufig. Jaime blickt mich mit großen, dunklen Augen an und lächelt, schnell setze mich neben ihn, damit er meine Aufregung nicht gleich bemerkt. Wir sind beide alleine da, so wie damals, als wir uns vor drei Jahren kennengelernt haben. „¿Qué tal? ¿Qué haces en Granada? – Wie geht's? Was machst du in Granada?“, fragt Jaime mich sofort. Offensichtlich ist er überrascht, mich wiederzusehen. Er hat sich gar nicht verändert. Ich entspanne mich, und ehe ich mich versehe, tauschen wir uns lebhaft über die vergangenen drei Jahre aus, und gerade als wir zu unserem jeweiligen Beziehungsleben gelangen, treten der Flamencosänger und die Tänzerin auf die Bühne.

Als der letzte Handschlag der Palma erklingt, verlassen wir das stickige Lokal und nehmen Kurs auf den Platz vor der Kathedrale von Granada, wo immer ein paar Studenten jonglieren und andere Kunststücke vollführen, marokkanische Einwanderer, die tagsüber ihre Waren im Albayzin verkaufen, beim Bier mit Granadinos plaudern. Jetzt, Mitte Oktober, wird es nachts schon kühl am Fuß der Sierra Nevada. Jaime erzählt mir wieder von den Flamencoliedern, deren Texte ich leider nur selten verstehe, weil die Cantaores, die Sänger, die Silben so lange halten, bis sie für mich jeden Sinnzusammenhang verlieren. Dann wage ich es tatsächlich, ihm das Ergebnis meiner wöchentlichen Bemühungen, den Flamencotanz zu lernen, vorzuführen. Er sieht mir mit ernsthaftem Gesichtsausdruck dabei zu, wie ich meine Hände in der Luft winde und versuche, ein paar Taconazos, ein paar feste Schritte im Flamenco-Rhythmus, auf das Kopfsteinpflaster des Kathedralenplatzes hinzulegen; plötzlich prustet er los. Sofort ringt er um Fassung und entschuldigt sich, doch auch ich breche in Lachen aus. Ein Blick in sein Gesicht genügt und ich kann mir genau vorstellen, wie meine Darbietung ausgesehen haben muss. Mit meinem Trampeltier-Gefühl lag ich vermutlich gar nicht falsch. Rhythmus und Koordination waren noch nie meine Stärke. Bei meinen Versuchen, Jazztanz, Salsa oder Standardtänze zu üben, bin ich irgendwann immer frustriert vom Parkett gezogen. Wieso sollte das beim Flamenco – wo es nicht nur auf die Schrittfolge, sondern auch noch auf das richtige Gefühl, „El Arte", wie es die Andalusier nennen, ankommt – anders sein? „Ich frage mich wirklich, wieso Amara sich so viel

Mühe mit mir gibt. Meinst du, sie hat einen siebten Sinn und mein verborgenes Talent entdeckt?", frage ich, und wieder müssen wir lachen. „Vielleicht sieht sie deinen Fall ja als besondere Herausforderung an?" Aufgeben werde ich meine Tanzstunde aber trotz mangelnden Talents nicht, der andalusische Ausdruckstanz fasziniert mich viel zu sehr, als dass ich schon jetzt einen Rückzieher machen würde.

Gott sei Dank hatte Jaime nicht erwartet, dass ein Flamencostar in mir schlummert. Auch den Rest des Abends ist er witzig und charmant, bietet mir seine Jacke an und kündigt an, als die Kirchturmglocken zwei Uhr schlagen, er werde jetzt zurück nach Málaga fahren. Mein Angebot, zu so später Stunde das Auto lieber stehen zu lassen und bei mir zu übernachten, schlägt er aus. Dafür besteht er darauf, mich bis zu meiner Haustür zu begleiten und dass ich ihn bald in Málaga besuchen kommen soll. Bevor ich mich schlafen lege, ziehe ich mir einen dicken Pullover über und setze mich auf die Terrasse. Vor mir liegt die beleuchtete Alhambra. In ein paar Wochen werde ich mich auf den Weg nach Málaga machen und mir Jaimes Zuhause näher ansehen.

Als ich am nächsten Morgen zu meiner Lieblingsbar schlendere, die Tageszeitung El País unterm Arm, begegnet mir Esther. „Hola Gordi", sagt sie. Als sie mich das erste Mal mit „Hallo Dicke" ansprach, musste ich schlucken. Doch als ich sie fragte: „Meinst du das ernst?", musste sie loslachen. Mittlerweile weiß ich, dass es sich dabei um eine liebevolle Anrede unter Freunden handelt. Dennoch zählt Gordi eindeutig nicht zu meinen liebsten andalusischen Kosenamen. Guapa – Hübsche, Chula – Coole oder Chiqui – Kleine höre ich viel lieber. Esther ist auf dem Weg zu einem Bewerbungsgespräch, doch in Gedanken schon beim nächsten Wochenende. Sie lädt mich ein, gemeinsam mit Pedro und ihr Freunde in der Alpujarra zu besuchen. Ich sage sofort zu, die Berggegend an den Südhängen der Sierra Nevada hat mich immer schon fasziniert, das Erbe der maurischen Besatzer ist dort so lebendig wie an wenigen anderen Orten in Andalusien. Die Häuser mit den flachen Schieferdächern und den dicken, weiß gekalkten Mauern standen schon vor fünfhundert Jahren genau so in der unzugänglichen Berglandschaft. Am Wegrand der alten Dorfverbindungswege sprudelt es in offenen Wasserleitungen, den Acequías, die die Mauren angelegt haben, um das schroffe Land fruchtbar zu machen. An den steilen Hängen der Alpujarra wachsen Oliven-, Mandel- und Zitronenbäume auf den von den Mauren errichteten Terrassenfeldern. Dass in der Alpujarra das Erbe von Tausendundeiner Nacht so gut erhalten ist, hat einen einfachen Grund: Als die spanische Krone im Jahr 1570 alle Muslime und islamischen Konvertiten nach blutigen Aufständen des Landes verwies, machten die kastilischen Könige eine einzige Ausnahme. In der Alpujarra sollten in jedem Dorf zwei Maurenfamilien bleiben, um den Neuankömmlingen aus Kastilien zu zeigen, wie man in der unwegsamen Berggegend überleben kann.

Am Freitagmittag ruft mich Esther an, ich solle unbedingt Schlafsack und Isomatte einpacken; bei ihren Freunden gebe es keine Gästebetten. Als ich mit gepacktem Rucksack um kurz nach fünf Uhr bei Esther klopfe, ist sie noch nicht fertig, Pedro noch nicht einmal von der Arbeit zurück. Wir hatten um zwei Uhr ausgemacht, in drei Stunden loszufahren, doch Zeit ist für sie, wie für die meisten Andalusier, ein sehr dehnbarer Begriff. „Hast du deine Wanderstiefel dabei?“, fragt sie mich und geht in die Küche, wo sie gerade Taboulé – einen marokkanischen Salat mit Couscous, Tomaten, Zwiebeln, Minze und Zitronensaft –, selbstgemachtes Humus – Kichererbsenpaste – und Fladenbrot in eine Kühlbox packt. „Zu unseren Freunden müssen wir nämlich ein paar Kilometer über Stock und Stein laufen.“

Vor meinem inneren Auge taucht ein abgelegenes Bergdorf auf, zu dem nur alte Hirtenpfade führen und in dem die Zeit stehen geblieben ist – genau so, wie es der britische Schriftsteller und Spanienkenner Gerald Brenan in seinem Buch „Südlich von Granada“ beschreibt. Er wollte Anfang des 20. Jahrhunderts der britischen Klassengesellschaft entfliehen und fand 1922 einen Rückzugsort in der Alpujarra. Er ließ sich in Yegen, einem Dorf der Alpujarra, nieder, wo er genau den Kontrast zu seinem bisherigen Leben fand, den er suchte. Die Menschen waren einfach, das Zwischenmenschliche spielte die Hauptrolle, die Hierarchiestufen, wenn es sie denn gab, waren flach. Dort zog er sich zurück zum Lesen, Studieren und Denken. Doch bald richtete Brenan seinen Blick immer mehr auf das Dorf und seine Bewohner. „Don Gerardo“ hieß er bald, er wurde Teil der Dorfgemeinschaft und zeugte mehrere Kinder mit verschiedenen Frauen des 300-Seelen-Dorfs. Aus diesen Erlebnissen und Beobachtungen entstand sein Buch „Südlich von Granada“.

Meine Vorfreude auf unseren Ausflug wächst. Während wir auf Pedro warten, erzähle ich Esther, dass ich Jaime wiedergetroffen habe. „Ich habe ihn auch ein paar Mal im Eshavira getroffen und er hat mich immer nach dir gefragt“, sagt sie sofort. „Und du hast mir nichts gesagt?“, will ich sie fragen, lasse es dann aber lieber. Schließlich habe ich auch niemandem erzählt, dass ich immer noch an Jaime dachte. Als Pedro kommt, brechen wir sofort auf.

Sobald wir auf die Alpujarra-Landstraße fahren, die von Lanjarón bis nach Laujar de Andarax führt, in die Alpujarra von Almería, verändert sich die Landschaft. Die Berge ragen im Norden immer höher auf, und die ersten weißen Dörfer ducken sich auf den kahlen Hügeln und in den schroffen Tälern; im Süden hat sich der Rio Guadalfeo ein tiefes Tal gegraben. Meine Gedanken wandern wieder zu Gerald Brenan, der das Gebirge Sierra Nevada von Granada aus zu Fuß überquerte, um in die Alpujarra zu gelangen. Seine Bücher hatte er auf die Rücken von zwei Maultieren gepackt. Asphaltierte Straßen gab es Anfang des 20. Jahrhunderts in Andalusien noch nicht, größere Städte waren über Feldwege miteinander verbunden. Die Alpujarra zu erkunden muss damals noch ein echtes Abenteuer gewesen sein.

Jetzt sind wir gemütlich in meinem VW-Bus unterwegs. In Orgiva biegen wir in Richtung Pampaneira ab, das im touristisch bestens erschlossenen Poqueira-Tal liegt, doch schon nach ein paar Kilometern auf der kurvigen Bergstraße gibt mir Pedro zu verstehen, dass wir links auf eine Schotterpiste einbiegen müssen. „Ich wusste gar nicht, dass dort ein Dorf liegt." Während meiner Studienzeit in Granada war ich viel im Tal des Río Poqueira unterwegs, hier verlaufen einige der schönsten Wanderwege der Alpujarra; und ich dachte, ich würde die Gegend kennen. „Na ja, genau genommen ist es auch kein Dorf, wo wir hinfahren, eher eine Art Zeltlager." Ich sehe ihn entgeistert an. „Beneficio ist so etwas wie eine Hippie-Kommune", klärt mich Pedro auf. Damit habe ich nicht gerechnet. Von den alternativen Zeltlagern um Orgiva hatte ich gehört, und ich wollte sie mir auch unbedingt ansehen. Dass ich aber so schnell eine Innenansicht bekommen sollte, hätte ich nicht gedacht.

Die Forststraße bringt uns in ein schmales Tal und endet an einem riesigen Parkplatz, auf dem das Leben tobt. Mein VW-Bus ist in bester Gesellschaft. Noch ältere Modelle stehen neben heruntergekommenen Campingwagen und anderen alten Bussen, nicht wenige haben deutsche Nummernschilder; dazwischen spielen Kinder, die Eltern kochen bei offenen Türen und plaudern mit den Nachbarn. „Nicaren und Henry wohnen dort oben", erklärt Pedro, er streckt seine Hand fast senkrecht in die Höhe. Oberhalb des Parkplatzes ist nur der Rand einer Hochebene zu sehen, die

Wand ragt steil, bestimmt dreißig Meter empor. Wir schnüren unsere Wanderstiefel, schultern die Rucksäcke, und Pedro und ich teilen uns die Last der Kühltruhe. Auf dem Weg zum Domizil von Esthers und Pedros Bekannten passieren wir Zelte unterschiedlicher Größe und Form, ein riesiges Tipi, das ein Schild als Gemeinschaftsraum kennzeichnet, und sogar ein paar aus Brettern gezimmerte Buden. Bunte Klamotten baumeln an Wäscheleinen, die kreuz und quer zwischen die Bäume gespannt sind.

Ein junger Mann mit langen Rastalocken kommt uns entgegen und will uns selbstgebackenes Brot verkaufen. Sein Spanisch hat einen starken italienischen Akzent. Mich hat er mit dem Angebot gleich geködert; vor allem, weil mich brennend interessiert, wie der Junge hier ohne Strom und fließend Wasser als Bäcker tätig sein will. Er führt mich hinter eines der gezimmerten Häuser. Dort steht eine Kiste, die mit einfachem Alupapier ausgeschlagen ist, daneben liegen mehrere Laibe Brot. „Das ist mein Solarofen", sagt er stolz und drückt mir ein kleines Brot in die Hand. Ich breche sofort ein Stück ab und schiebe es mir in den Mund. Etwas länger hätte der Teig im Ofen sein können, aber den Umständen entsprechend schmeckt es wirklich lecker. Dann laufen wir weiter, am Wegrand reihen sich weiter Zelte aneinander. Dazwischen spanisches, englisches und deutsches Wortgewirr, dumpfes Trommeln, knallbunte Kleider, junge, alte Menschen. Ich komme aus dem Staunen nicht heraus.

Während wir weiter durch diese andere Welt laufen, erfahre ich von Pedro, dass seine Freundin Nicaren eigentlich Encarnación heißt, aber weil der Name, der übersetzt Fleischwerdung bedeutet, ganz und gar nicht mit ihrer vegetarischen Überzeugung zusammenpasst, hat sie die Buchstaben ihres Vornamens einfach neu geordnet und Nicaren daraus gemacht.

Wir gelangen zum Ende des Tals, auf der rechten Seite

schraubt sich ein schmaler Pfad in die Höhe. Die Kühltruhe hat Pedro jetzt auf seine Schulter gehoben. Nach zehn Minuten Aufstieg stehen wir schwer atmend auf einer Ebene oberhalb des Tals, unten liegen die bunten Zelte. Sie sehen jetzt winzig aus. Wir stellen unser Gepäck ab und holen tief Luft. Hier oben ist es viel ruhiger; es gibt zwar auch Zelte und Hütten, aber das Lager ist überschaubar und stabile Buden sind in der Überzahl.

Die meisten Bewohner scheinen sich in ihre Heime zurückgezogen zu haben, kaum jemand ist unterwegs. Doch plötzlich wird die Ruhe jäh unterbrochen. Eine junge Frau läuft schreiend auf uns zu, ein Blick auf den freudigen Gesichtsausdruck von Pedro und Esther verrät mir, dass es sich um Nicaren handelt. Sie trägt eine bunte Wolldecke, die sie einmal gefaltet hat und in deren oberen Rand sie ein Loch für den Kopf geschnitten hat, darunter ausgewaschene Blue Jeans. Zusammen mit Henry, einem Engländer, der seit Jahren in der Alpujarra lebt, hat sie in Beneficio eine kleine Hütte aus Holz gebaut, als Dach dient eine dicke Plastikplane. Nicaren begrüßt auch mich so, als würde sie mich immer schon kennen. Dann zeigt sie mir ihre kleine Welt. Das Mittagessen bereiten sie auf einem Gaskocher zu, die Dusche besteht aus einem Eimer, einem kleinen Becher und einem Schwamm. Das Wasser holen sie in großen Kanistern aus dem Tal, wo es eine Quelle gibt. Vor ihrer Hütte haben Nicaren und Henry einen großen Jarapa-Teppich ausgebreitet – er ist das Wohnzimmer. Diese typischen Alpujarra-Teppiche stellen die Frauen der Dörfer im Poqueira-Tal aus bunten Textilresten seit Generationen her, in den drei Dörfern Pampaneira, Bubión und Capileira hängen die Jarapas von Balkonen und Fenstern, in manchen Läden kann man den Frauen auch beim Weben zusehen.

Wir lassen uns auf dem weichen Teppich nieder und beobachten, wie die untergehende Sonne die Berglandschaft in ein milchiges Orangerot taucht. Ich erfahre, dass Henry Musiker ist und Nicaren, um über die Runden zu kommen, früher gekellnert hat. Von Lohnarbeit hält sie jedoch anscheinend nicht allzu viel, jetzt singt sie zu den Liedern von Henry und knüpft Armbänder, die sie auf dem Wochenmarkt in Orgiva an Urlauber verkauft. „Wie kann es ein solches Lager mitten im Naturpark geben?", frage ich sie. „Das Tal von Beneficio ist seit mehr als zwanzig Jahren von Hippies besetzt. Die Gründer haben damals einen Teil des Geländes gekauft, um eine Kommune zu gründen. Doch es kamen immer mehr Menschen, das Grundstück war schnell zu klein, und die Neuankömmlinge begannen, das Land ringsherum zu besetzen. Die Polizei ist nie eingeschritten", erzählt Nicaren. „Heute leben fast hundert Menschen ständig hier, dazu kommen regelmäßig Besucher aus der ganzen Welt, die ein paar Wochen oder sogar Monate bleiben. Wir versuchen immer noch, gemeinsam zu leben, aber das ist gar nicht so einfach." Regelmäßig, so erfahre ich, treffen sich die Bewohner von Beneficio in dem Tipi, das wir auf dem Weg zu Nicarens Hütte gesehen haben. Dort sprechen sie über das Leben im Lager und über die Probleme mit den benachbarten Bauern, die immer wieder bei der Gemeinde von Orgiva klagen, die Hippies würden ihnen das Gießwasser wegnehmen und das Tal verschmutzen. „Dabei ist der Respekt gegenüber der Natur eine der wichtigsten Regeln in Beneficio", empört sich Nicaren. „Wir recyceln und benutzen nur das Wasser, das in unserem Tal entspringt. Die Acequía der Bauern fassen wir nicht an."

Die Sonne verschwindet hinter den Gipfeln und augenblicklich wird es kalt. Wir ziehen alles an, was wir dabeihaben, während Nicaren den Gaskocher anmacht, um einen Bohneneintopf aufzuwärmen, und Henry seine Gitarre auspackt. Aus dem Tal dringen die Töne afrikanischer Trommeln zu uns, das Lied, das Henry anstimmt, klingt fast so, als würde er sie begleiten. Nachdem wir Eintopf, Salat und Fladenbrot vertilgt haben, schmettern wir gemeinsam Beatles-Lieder. Henry und ich müssen immer wieder über die Lautmalereien der Spanier lachen. Keiner der drei kann Englisch, die Lieder haben sie aber schon tausend Mal gehört; hemmungslos und voller Hingabe posaunen sie deshalb unsinnige Aneinanderreihungen von Vokalen und Konsonanten in die Nacht. Später rollen wir auf dem Teppich Isomatte und Schlafsack aus, der Sternenhimmel ist unser Dach.

Kaffeeduft weckt mich am nächsten Morgen. Nicaren hantiert am Gaskocher, als ich die Augen aufschlage, das Frühstück ist fast fertig. „Wir brauchen nur noch Brot", sagt sie und springt, fit wie ein Turnschuh, auf. Das Hippieleben auf dem Land muss ungeahnte Energien freisetzen, denke ich, während ich meine starren Glieder strecke und Nicaren hinterhersehe, wie sie davonhüpft. Ein paar Hütten weiter klopft sie an die Tür und kommt kurz darauf mit einem Laib Graubrot heraus. „Unser Nachbar ist Deutscher, und er macht selber Brot", erklärt Nicaren. Die Solarofenmethode scheint in Beneficio verbreitet zu sein, doch der Deutsche beherrscht die Technik eindeutig besser als sein italienischer Nachbar; das Brot ist genau richtig gebacken.

Esther und Pedro machen keine Anstalten aufzuwachen, Nicaren und ich decken deshalb erst einmal den Teppich. Dabei frage ich sie nach Wandertouren in der Gegend, und sie hat sofort einen Tipp. „Ihr müsst unbedingt eine Tour in der Taha de Pitres machen", sagt sie. „Das ist eine der ursprünglichsten Gemeinden der Alpujarra." Henry, der gerade für die Morgenwäsche Wasser aus einem Kanister in den Eimer kippt, erzählt, dass eine Gruppe Engländer sich dort dafür einsetzen, das Erbe der Mauren zu bewahren. Fragend blicke ich ihn an. „Sie studieren die alten Handbücher und machen dann alles genau so, wie die Mauren es aufgeschrieben haben. Ich habe schon mal mitgeholfen, die

Acequías zu reparieren und neue Terrassenfelder anzulegen. Das ist echt spannend, man lernt viel über die Maurenzeit." Mit einer Tasse duftenden Kaffee in der Hand setze ich mich neben Esther, tatsächlich wacht sie gleich auf. „Komm, wir gehen wandern!"

Ich sehe doch noch die abgeschiedenen Bergdörfer von Brenan, in denen die Zeit stehen geblieben scheint. Auf alten Dorfverbindungspfaden steigen wir von Pitres, dem größten Dorf im Tal des Flusses Rio Trevelez, zu den Weilern Mecina, Fondales und Mecinilla hinab, wo der Esel noch das übliche Transportmittel ist und wohin nur eine schmale, verwahrloste Straße führt. In den Dörfern sind die Häuser so eng aneinandergebaut, dass kein Auto dazwischen durchpasst. Die Gassen sind weiß gekalkt, genau wie die Häuser. Unterwegs zwischen den Ortschaften passieren wir alte Dreschplätze, auf denen früher die Spreu vom Weizen getrennt wurde; heute sind sie moosüberwachsen.

Esther hakt sich bei Pedro unter, und meine Gedanken schweifen zu Jaime. Wenn es zwischen uns beiden wieder klappen sollte, könnte ich länger in Andalusien bleiben. „Du hast ihn doch gerade erst ein Mal gesehen", ermahne ich mich. Der Gedanke, länger in Südspanien zu leben, fühlt sich aber gut an. Das andalusische Leben hat mich wieder in seinen Bann gezogen. Was mir jedoch Sorgen bereitet, ist meine berufliche Zukunft. Die kräftigen Strahlen der Herbstsonne blenden mich, meine trüben Gedanken ziehen schnell vorüber. Mit der Organisation der Dreharbeiten werde ich noch bis Dezember beschäftigt sein. Währenddessen könnte ich mich ja schon mal nach anderen Jobmöglichkeiten umsehen. Spannende Geschichten gibt es in Hülle und Fülle, sage ich zu mir, während wir zurück nach Pitres stiefeln. „Morgen können wir uns ein buddhistisches Zentrum ansehen, das nicht weit von Beneficio entfernt ist", sagt Esther, die meine Gedanken gelesen zu haben scheint.

Das kleine Gebetszentrum O sel Ling liegt versteckt, hoch oben im Tal des Guadalfeo, am Ende einer zwölf Kilometer langen Schotterpiste, die nur lebensmüden Fahrern geöffnet sein sollte. Dass ich es mit meinem VW-Bus bis nach oben schaffe, liegt allein daran, dass es keine geeignete Stelle zum Umkehren gibt. Am Fahrbahnrand tut sich ein Abgrund auf, von dem uns nur ein halber Meter Schotter trennt. Im Schritttempo schrauben wir uns nach oben. Esther, die neben mir sitzt, scheint meine Ängste nicht zu bemerken, denn ohne Punkt und Komma redet sie über das buddhistische Zentrum. „Tibetanische Lamas haben es vor etwa 25 Jahren mit Hilfe eines spanischen Paares aufgebaut. Die beiden Spanier waren auf Ibiza zum Buddhismus konvertiert und für den Bau des Zentrums nach Bubión gezogen. Zwei Jahre später wurde ihr jüngster Sohn Osel geboren, den sie nach dem Zentrum nannten. ‚O sel Ling' heißt ‚klares Licht'." Esther macht eine Pause. Vielleicht ist ihr der Abgrund ja doch aufgefallen? Doch schon fährt sie fort, jetzt mit dramatischem Tonfall: „Der Dalai Lama entdeckte in Osel die Reinkarnation eines tibetanischen Lamas, der ein Jahr vor seiner Geburt in den USA gestorben war. Der Junge fand und findet es aber überhaupt nicht reizvoll, die Wiedergeburt eines Lamas zu sein. Seine Geschichte hat Bernardo Bertolucci übrigens zu dem Film Little Buddha inspiriert ..."

Es fällt mir schwer, ihren Worten zu folgen, auch wenn die Geschichte spannend klingt. Die Straße nimmt meine ganze Aufmerksamkeit in Anspruch. Oben angekommen lasse ich mich schweißgebadet auf einer kleinen Bank nieder, die neben einer riesigen überdachten Gebetsrolle steht. Der Ausblick ist atemberaubend. Im Osten liegen die weißen Dörfer Pampaneira, Bubión und Capileira, vor uns liegt das Guadalfeo-Tal, hinter uns die Gipfel der Dreitausender. Die Schotterpiste hat uns von sechs- auf sechzehnhundert

Höhenmeter katapultiert. Während ich noch auf der Bank sitze und die Fahrt verdaue und Esther und Pedro neben mir den Ausblick genießen, nähert sich eine etwa fünfzigjährige Spanierin. Sie trägt eine weinrote Tunika, ihr Haar ist kurz geschoren, auf ihren Lippen liegt ein seliges Lächeln. „Hola, ich bin Paloma, die Leiterin des Zentrums." Esther ist immer noch ganz bei dem rebellischen Lama. Ohne Vorwarnung fragt sie, ob Paloma uns etwas über den Lama Osel erzählen könne, „über den rebellischen Mönch aus der Alpujarra", sagt Esther, für den Nachsatz hat sie ihre Stimme ein paar Tonlagen tiefer geschraubt. Einen kurzen Moment lang verliert Paloma ihre buddhistische Ruhe. „Oh", sagt sie nur, die Röte schießt ihr ins Gesicht. Der junge spanische Lama scheint die Gemüter wirklich zu erhitzen, seine Geschichte interessiert mich immer mehr.

„Bueno – also ... Osel will sich weiterbilden und hat deshalb seine Studien in Tibet unterbrochen", sagt sie steif. „Wie war das damals, als er entdeckt wurde?", frage ich sie. „Das habe ich leider nicht mitbekommen, ich weiß nur, was seine Mutter Maria mir erzählt hat." Und Paloma berichtet uns, dass der Dalai Lama bei einem Besuch in ihm die mögliche Reinkarnation des tibetanischen Lama Yeshe, der wenige Monate vor Osels Geburt in Kalifornien gestorben war, vermutet hatte. Osel hatte gerade zu krabbeln begonnen. Osels Eltern brachten den Kleinen sofort nach Dharamsala, wo darüber entschieden werden sollte, ob es sich tatsächlich um die Wiedergeburt handelte. „In Indien war die Stimmung gegenüber dem spanischen Lama-Anwärter zuerst ziemlich feindlich", erzählt Paloma. „Die meisten tibetischen Mönche wollten in keinem Fall, dass ein Junge aus dem Westen die wichtige Aufgabe übernahm, den buddhistischen Glauben im Abendland zu verbreiten. Denn das war die Aufgabe von Lama Yeshe gewesen, und seine Reinkarnation musste sie natürlich fortsetzen." Doch trotz aller Bedenken überzeugte Baby Osel den Dalai Lama. Dabei war er einer von elf Kandidaten für die Nachfolge von Yeshe; doch als Einziger erkannte der Kleine dessen persönliche Gegenstände wie Gebetskranz und Glöckchen. Damit war für den Jungen das friedliche Leben in der abgeschiedenen Berglandschaft der Alpujarra vorbei. Er wurde in einer traditionellen Zeremonie zum Lama geweiht und bekam einen Tutor mit nach Hause. Schon mit sechs Jahren musste er für seine Studien in ein Kloster nach Tibet ziehen.

„Dort begannen die Probleme", sagt Paloma und seufzt. „Er passte sich nicht an, wollte nach Hause. Schon mit acht bat er seine Mutter, ihn in die Alpujarra zurückzuholen." Um das Heimweh zu verringern, wählten die Mönche eine radikale Methode: Sie ließen ihn nur noch alle vier, fünf Jahre nach Spanien fahren. Seine Mutter war einverstanden. Kaum hatte Osel seinen 18. Geburtstag gefeiert, verließ er Tibet. Heute studiert er Regie in Kalifornien und sagt in Interviews, er sei weder Lama noch Buddhist. – Die Geschichte hinter dem Zentrum O sel Ling erzählt Paloma offensichtlich nur ungern. Sie passt so gar nicht in das Bild der friedlichen buddhistischen Welt.

„Wollt ihr die Stupa sehen?", fragt sie, das Thema Lama Osel will sie offensichtlich beenden. „Claro que sí", sagen wir. Paloma bringt uns zu einem kleinen weißen Tempel mit goldener Spitze, um den herum bunte tibetische Gebetsfahnen im Wind flattern. Mit ein bisschen Fantasie fühlt man sich auf die tibetische Hochebene versetzt. Dann führt uns Paloma zu den Gemeinschaftsräumen, wo gekocht, gegessen und meditiert wird. „Wir sind normalerweise zehn, ich wohne ständig hier und neun Freiwillige oder Meditationsgäste vorübergehend."

„Mit Lama Osel müsste man mal sprechen", sage ich, als wir im Schneckentempo auf der halsbrecherischen Straße ins Tal zurückfahren. Ich versuche nur die nächsten fünfzig

Meter vor mir im Blick zu behalten, um nicht an das mögliche Ausmaß eines Fahrfehlers erinnert zu werden. „Ich dachte immer, der Buddhismus sei eine der intelligentesten Religionen, die es gibt", bemerkt Pedro von der Hinterbank. „Aber die Geschichte von dem Jungen macht sie doch auch unglaubwürdig, oder?" „Ich glaube, die warten immer noch, dass Osel wieder zur Besinnung kommt", sagt Esther.

Wir kaufen Brot, eine Fünfliterflasche Olivenöl und Ziegenkäse in Orgiva als Gastgeschenk für Nicaren und Henry. Als wir wieder bei den beiden ankommen, sitzen sie auf dem Teppich und knüpfen bunte Armbänder. „Lasst uns zusammen zu Abend essen", sagt sie und breitet unsere Gastgeschenke gleich auf dem Teppich aus. Esther schüttet etwas Olivenöl in einen tiefen Teller, ich schneide Bauernbrot und Käse auf. Nach dem gemeinsamen Abendessen treten wir den Rückweg nach Granada an. Chambao singt „No vale la pena andar por andar, que es mejor caminá pa ir creciendo – Laufen um des Laufens willen lohnt sich nicht, es ist besser, wenn man geht, um zu wachsen." Jeder hängt seinen Gedanken nach, da unterbricht Esther plötzlich die Stille. „Wie lang bleibst du eigentlich noch bei uns in Granada?", will sie wissen. „Das hängt von vielen Sachen ab", antworte ich. Sie fragt nicht nach und legt Camaróns „Como el Agua – Wie das Wasser" auf.

November

Der Fluch der Sonnenküste

Es weht eine leichte Brise, die Luft ist klar, schmeckt leicht salzig, die Sonnenstrahlen wärmen schnell, auch jetzt noch, Anfang November. Der Himmel ist strahlend blau, am Horizont verschwimmt er mit dem Meer, das dunkelblau darunterliegt. Schaumkronen tanzen auf den Wellen. Am Strand rösten sich ein paar Sonnenanbeter, Kinder lassen Drachen steigen. Mit dem Rad bin ich an der Strandpromenade von Málaga unterwegs, ein paar Meter vor mir fährt Jaime. Ich hatte ihn gefragt, ob ich ihn an diesem Wochenende besuchen könnte, am Sonntagabend muss ich zum Flughafen in Málaga. Franziska, die Regisseurin des Dokumentarfilms, kommt, um die Protagonistenfamilie zu casten. Jaime war sofort von der Idee begeistert. Am Samstag klopfte ich um zehn Uhr morgens an seiner Haustür in der Altstadt von Málaga, da pumpte er gerade die Reifen seines Rads auf, neben ihm stand ein zweites. „Wir machen einen Radausflug", sagte er mit einem breiten Lächeln.

Jetzt fahren wir am Meer entlang, weichen immer wieder Fußgängern und spielenden Kindern aus und strampeln wie wild gegen den Wind. Erst als wir die letzten niedrigen Häuser des früheren Fischerdorfs El Palo, heute der östlichste Stadtteil von Málaga, hinter uns lassen, wird es ruhiger an der Promenade. Selbst der Gegenwind scheint uns einen Waffenstillstand zu gönnen. Anstelle von Sandstränden säumen nun Felsen die Küstenlinie. „Früher war fast die ganze Küste von Málaga steinig", erzählt Jaime. „Erst seit einem Vierteljahrhundert gibt es Strände in der Stadt. Sie sind künstlich mit Sand aus dem Meer und den Flüssen aufgeschüttet. Alles für die Guiris", sagt er mit einem Augenzwinkern. Guiris nennen die Spanier die bleichen Ausländer aus dem Norden, die ihr Land vor allem der Sonne wegen lieben.

Im nächsten Ort, Rincón de la Victoria, verteilen sich bunt bemalte Fischerboote am Strand, die ihre Besitzer jeden Abend, außer sonntags, ins Meer ziehen. Jaime biegt plötzlich von der Strandpromenade ab in Richtung Meer. Vor einer kleinen Figur, die sich in einer in den Stein gehauenen Nische vor der stetig blasenden Meeresbrise schützt, bleibt er stehen. Es ist eine Marienstatue, ausgestattet mit goldenem Mantel und großem Heiligenschein. Davor sind unzählige Blumen ausgelegt, keine davon ist verdorrt. „Es ist die Virgen de la Victoria, die Schutzheilige von Málaga und von Rincón de la Victoria", bemerkt Jaime. „Ich dachte, das könnte dich interessieren." In Spanien und ganz besonders in Andalusien ist der Marienkult weit verbreitet. Mehr als hundert verschiedene Varianten der Jungfrau werden verehrt, und es scheint fast so, als fände sich für jede Lebenslage eine passende Maria. Es gibt die Jungfrau der Berge, der Täler, der Weinreben, der Arbeit, der Weisheit, der Genüsse, der Vergebung und so weiter. Viele Spanier entwickeln ein sehr inniges Verhältnis zu ihrer Jungfrau. Sie waschen sie, bringen ihr Blumen, manchmal sogar etwas zu essen, die Frauen nähen ihr neue Kleider, die Männer tragen sie an ihrem Feiertag und während der Semana Santa, der Karwoche, auf einem Thron spazieren. Eine alte Dame, ganz in Schwarz, nähert sich mit gesenktem Haupt, in der Hand hält sie frische Blumen. Sie bekreuzigt sich, sieht die Virgen lange an, murmelt etwas vor sich hin. Dann sortiert sie die Blumen aus, deren Blätter zu welken beginnen, und legt ihre frischen dazu.

An der Strandpromenade von Rincón de la Victoria müssen wir nicht nur Spaziergängern und spielenden Kindern ausweichen, sondern auch noch den Tischen der Chiringuitos, der Strandbars, deren Plastikgarnituren die halbe Promenade blockieren. Nach fünfzig Metern im Schneckentempo geben wir auf und steigen ab. Wir schieben die Räder nebeneinander her.

„Weißt du, mit der Kirche kann ich nicht viel anfangen", beginnt Jaime unvermittelt. Es klingt fast wie eine Beichte. „Ich habe nicht mal die Kommunion mitgemacht. Kurz zuvor hatten wir im Geschichtsunterricht die Grausamkeiten durchgenommen, die die Kirche bei der Inquisition verübt hatte. Außerdem mussten wir uns damals auch noch vor dem Pfarrer hinknien und zur Begrüßung seine Hand küssen. Ich empfand nur Abscheu und weigerte mich, die Kirche zu betreten. Dafür musste ich zwar einige Prügel meiner Mutter einstecken, aber selbst die konnten mich nicht erweichen."

Kaum einen Spanier gibt es, der nicht getauft ist. Während der Franco-Diktatur, die das Land bis 1975 fest im Griff hatte, galt der Katholizismus als Staatsreligion. So gab es etwa nach dem Spanischen Bürgerkrieg Zwangstaufen, den Taufschein brauchte man für den Gang zu den Ämtern, das Bett musste man lebenslänglich mit demselben Partner teilen. Seit dem Tod Francos ändert sich das zwar allmählich, vor allem aber das ländlich geprägte Andalusien ist den alten Denkschablonen immer noch verhaftet. „Auch wenn meine Mutter fast nie in die Kirche ging und meine Großeltern zum republikanischen Lager gehörten, war es für sie unvorstellbar, dass ihr Sohn nicht zur Erstkommunion ging. Dabei war Franco damals schon ein paar Jahre tot."

Am Ende der Strandpromenade von El Rincón de la Victoria bricht unsere Radtour jäh ab, von hier an kann man nur noch auf der Schnellstraße weiter entlang der Küste fahren. Es ist zwei Uhr nachmittags, in Spanien die ideale

Zeit fürs Mittagessen. Also lassen wir uns an einem der Plastiktische nieder, über die wir kurz zuvor noch geschimpft haben. „Hier gibt's Meeresfrüchte und Fisch. Auf was hast du Lust?“, fragt mich Jaime. Ich überlasse es ihm, die Leckerbissen auf der Karte auszusuchen. Wenig später bringt uns der Kellner zwei Glas Tinto de Verano, eine Mischung aus Rotwein und Limo, und einen Tomatensalat, auf dem sich mindestens zwei Knollen klein gehackten Knoblauchs verteilen. Jaime macht mich auf ein Fischerboot aufmerksam, das im Sand liegt und an dem sich ein Mann zu schaffen macht. „Da braten gerade unsere Sardinen“, sagt er. Ich stehe auf, um mir die offene Küche näher anzusehen. Der Kahn ist mit Sand aufgefüllt, darauf sind glühende Holzscheite geschichtet, dazwischen entdecke ich Spieße, auf denen gesalzene Fischchen schwitzen. „Eigentlich sagt man, dass die Sardinen nur in den Monaten ohne ‚R‘ schmecken ... ich hoffe, wir haben Glück und sie sind heute auch gut.“ Auf dem Tisch stehen schon ein Teller mit gebratenen Garnelen und einer mit frittierten Sardellen. „Das sind Boquerones“, erklärt Jaime und zeigt auf die frittierten Fischchen. „Weil wir die in Málaga so gern essen, haben wir den Spitznamen Boquerones weg. Wir haben es mit der Schlemmerei aber leider so übertrieben, dass es heute fast keine Sardellen mehr an der Costa del Sol gibt.“ Als die Sardinen vor uns stehen, bin ich etwas hilflos. Fünf kleine Fische liegen mit Haut, Gräten und Innereien auf meinem Teller. Ich schiele zu Jaime hinüber, um zu sehen, wie man sie am geschicktesten anpackt. In wenigen Sekunden reißt er Schwanz und Kopf ab, öffnet die Sardine halb, um Gräten und Darm zu entfernen, und vertilgt dann das weiße Fleisch.

Nach unserem üppigen Menü lassen wir uns gleich gegenüber in den Sand fallen und schauen satt und zufrieden zu, wie die Wellen langsam heranrollen. „Was wirst du machen, wenn der Filmdreh vorbei ist?“, fragt mich Jaime unvermittelt. Einen Moment lang sage ich nichts. Umständlich formuliere ich dann: „Ich glaube, ich will versuchen, erst einmal in Andalusien zu bleiben." Mehr zu mir selbst als zu ihm sage ich dann noch: „Es gibt hier an der Küste zwei deutschsprachige Zeitungen, vielleicht könnte ich dort mitarbeiten. Außerdem werden hier eine Menge Filme gedreht. Vielleicht könnte ich da als Produktionsassistentin arbeiten." Jaime strahlt.

An mir zieht ein endloses Häusermeer vorbei. Hochhäuser, Bettenburgen, uniforme Einfamilienhäuser. Die einzigen grünen Oasen zwischen den Betonklötzen sind die kurz geschorenen Rasen der Golfplätze. „Als ich klein war, sah das alles noch ganz anderes aus", sagt Jaime, der meinen entsetzten Gesichtsausdruck gesehen hat. Ich hatte ihn gebeten, mir Marbella zu zeigen, die einstige Jetsetmetropole, wo Gunter Sachs, Brigitte Bardot, Audrey Hepburn und Mel Ferrer ihren Urlaub verbrachten und Antonio Banderas und der König von Saudi-Arabien heute noch Villen unterhalten. Doch die heutige Realität der Costa del Sol ist eine andere. „Der Tourismus ist der Goldesel, der die ganze Region versorgen soll. Zuerst waren es die All-inclusive-Hotels. Jetzt hat die Branche den Golftourismus für sich entdeckt. Die Provinz Málaga hat die höchste Golfplatzdichte weltweit. Es gibt vierzig Plätze auf siebentausend Quadratkilometern", sagt Jaime. Hinter der Scheibe scheint die Betonwüste immer größer zu werden, dazwischen ragen Baukräne in die Höhe. „Aber die Altstadt von Marbella ist wirklich schön", tröstet er mich.

Tatsächlich ist das historische Zentrum der Stadt perfekt erhalten, kein einziger Neubau hat sich in die engen Gassen geschlichen, die alten Häuser sind wunderschön renoviert. Dass auch diese Idylle nur dem Tourismus zuliebe geblieben ist, ahne ich beim Blick in die Schaufenster der Altstadt. Es werden Souvenirs feilgeboten, überall gibt es Restaurants, Eisdielen und Kneipen, nicht wenige tragen ausländische Namen. „Ja, auch hier ist alles für die Guiris", sagt Jaime. „Marbella hat auf den Luxustourismus gesetzt. Es gibt sieben Fünfsternehotels, viele Reiche aus der ganzen Welt haben sich eine Villa in einer der Urbanisationen gekauft, die hier wuchern. Bei so viel Geld mussten die Politiker ja korrupt werden", sagt Jaime. „Vor ein paar Jahren hat die Polizei fast die gesamte Rathausmannschaft abgeführt. Sie hatten für die Vergabe von illegalen Baulizenzen riesige Bestechungsgelder kassiert. Juan Antonio Roca, der Drahtzieher des Korruptionsskandals, hatte sich auch noch als urbanistischer Berater von der Stadt fünfstellige Monatsgehälter zahlen lassen. Er hatte so viel Geld, dass er in seinem Klo einen Miró aufhängte." Jaime redet sich richtig in Rage. „Dabei tat er nichts anderes, als einen Geldkoffer entgegenzunehmen und dafür nicht bebaubare Grundstücke in Baugrund zu verwandeln! Das Schlimme ist, dass viele die korrupten Politiker nicht einmal verachten, sondern sie als harmlose Schlawiner sehen, die sie sogar bewundern."

Wir machen noch einen Abstecher zum Luxushafen Puerto Banús, das spanische Pendant zu Saint-Tropez. Hier ballt sich der Reichtum der Stadt. Motoryachten, eine größer als die andere, sind an den Anlegestellen vertäut. An Land reihen sich teure Restaurants und exklusive Boutiquen aneinander. Auf einem schmalen Stück Straße lassen die stolzen Besitzer der Ferraris, Porsches und Aston Martins die Motoren aufheulen – um dann im Schritttempo davonzutuckern; davor und dahinter stolzieren langbeinige Damen auf waghalsigen Pfennigabsätzen, untergehakt bei grauhaarigen, nicht selten dickleibigen Männern. Auch ein paar Voyeure wie wir haben sich daruntergemischt, die mit unverhohlener Faszination das Spektakel verfolgen. Ob die Leser der deutschsprachigen Zeitungen, für die ich zu schreiben gedenke, auch eine elegante Villa hinter Puerto Banús besitzen, gleich neben Antonio Banderas'? Oder ob sie in einem der grauen Apartmentblöcke an der Costa del Sol leben? Dass das warme Klima und das Meer so viele Deutsche an die spanische Südküste gelockt haben, ist für mich in jedem Fall ein Vorteil. Denn die Trägheit der meisten Residenten, die Sprache ihres Gastlandes zu erlernen, hat an der Costa del Sol einen Markt für deutschsprachige Medien geschaffen. Außerdem interessiert die Deutschen anscheinend sehr, was ihre Landsleute hier tun. Mehr als zehntausend Deutsche residieren an der Sonnenküste zwischen Estepona und Almuñecar.

Am Flughafen von Málaga ist am Sonntagabend die Hölle los. Im Minutentakt landen und starten Flugzeuge aus und nach England, Irland, Norwegen, Schweden, Dänemark und natürlich Deutschland. Franziska entdeckt mich in dem Chaos zuerst. Schnell flüchten wir aus dem Getümmel, suchen meinen Bus und nehmen Kurs auf Granada. In den Händen hält Franziska schon den Zeitplan für die nächste Woche, den ich für sie zusammengestellt habe. Jeden Tag habe ich zwei Interviews in Granada geplant, am Wochenende besuchen wir außerdem noch eine Kandidatenfamilie in Málaga und eine in Cádiz. „Hast du schon einen Favoriten?", frage ich sie. „Nach deinen Beschreibungen wirkt die Familie von Eva am spannendsten. Da ist so viel Lebensfreude und der Kontrast zwischen den Generationen ist groß." Von jeder Familie hatte ich Franziska eine kurze Beschreibung mit Fotos gesendet, auch die von Eva, meiner Bekannten aus Granada, war dabei.

Am nächsten Vormittag beginnt unser Interviewmarathon. Wir sprechen mit Großmüttern, die Franco nachtrauern, und mit solchen, deren Brüder im Bürgerkrieg erschossen worden sind. Fast alle tragen seit dem Tod ihres Ehemanns Schwarz, nur Evas Oma fühlt sich nach einem Leben im Dienst der Familie befreit. Einige opfern sich immer noch für ihren Mann auf. Und es gibt auch viele Mütter, die seit ihrer frühen Jugend mit demselben Mann zusammen sind, nur wenige sind geschieden, kaum eine arbeitet. Die Leben der Töchter ähneln sich am meisten. Fast alle haben studiert und bereits mehrere Partner gehabt. Trotzdem sind auch die Repräsentantinnen der jüngsten Generation ganz unterschiedlich. Eva gefällt Franziska auch nach den persönlichen Gesprächen am besten. Sie ist eine der wenigen, die im Ausland war. Die Spanier und die Andalusier sind besonders stark mit ihrer Heimat verbunden, viele wollen nicht einmal ihren Geburtsort verlassen. Außerdem ist Eva selbstständig, die meisten anderen jungen Frauen streben feste Beamtenstellen als Lehrerinnen oder als Dozentinnen an oder haben bereits einen Platz ergattert. Nach einer langen Woche voller Gespräche, Termine und ersten Drehs mit einer kleinen Kamera steht fest: Evas Familie wird tatsächlich die Protagonistin des Dokumentarfilms über die spanische Frau sein. Eine Woche lang gibt Franziska mir Zeit, den Drehplan zu organisieren und die notwendigen Genehmigungen einzuholen, dann will sie mit Kameramann und Tonfrau am Flughafen von Málaga anrücken.

Eva lebt und arbeitet in Granada, stammt aber aus Alfarnate, einem Dorf in der Nähe von Málaga, wo ihre Großmutter noch heute wohnt, die Mutter wohnt mit Evas Brüdern in Málaga. Sie ist begeistert über die Aussicht, die spanische Frau im deutschen Fernsehen repräsentieren zu dürfen. Gerade dreht sie selber einen Film, in dem sie ihre eigene Vergangenheit mit der jüngsten spanischen Geschichte verknüpft. Erst vor kurzem hat sie erfahren, dass ihr Großvater im Bürgerkrieg von Francos Truppen erschossen und in einem Massengrab in Málaga begraben worden ist. In ihrer Familie hat niemand jemals ein Wort darüber verloren. Ihr Vater starb vor ein paar Jahren, ohne dass Eva je mit ihm darüber gesprochen hätte: Der Terror, den die Angehörigen von Republikanern durch Francos Schergen erlebten, saß noch so tief in seinen Knochen, dass er sich selbst ein Vierteljahrhundert nach dem Tod des Diktators nicht traute, über die eigene Vergangenheit und die Ungerechtigkeit, die ihm widerfahren war, zu sprechen. Für unseren Dokumentarfilm wollen wir Eva auf der Suche nach der eigenen Vergangenheit begleiten. Ihre Mutter filmen wir bei ihrer täglichen Aufopferung für die Familie; die Großmutter bei ihrem neuen Leben als fröhliche Witwe, die ihre Freiheit genießt. Wir wollen sie außerdem nach der Episode befragen, die ihre Enkelin jetzt so beschäftigt. Mit allen drei Frauen vereinbare ich Termine, ich organisiere Hotels und Genehmigungen. Ehe ich mich versehe, ist die Woche vorüber und Franziska und ihr Team sind da. Als Erstes steht Evas Geschichte auf dem Programm.

Es ist acht Uhr morgens, als wir am Friedhof San Rafael in Málaga ankommen. Die Sonne geht gerade auf, der Himmel ist blassblau. Hier, am westlichen Stadtrand, liegt die größte Ansammlung von Massengräbern aus dem Spanischen Bürgerkrieg und der Nachkriegszeit in ganz Spanien. Die hochgewachsenen Zypressen heben sich tiefschwarz von dem hellen Hintergrund ab. Trotz der frühen Stunde weht blecherne Popmusik über das Gelände, manchmal übertönt von jungen Stimmen. Ich stehe mit dem Filmteam und Eva vor dem eisernen Eingangstor des Friedhofs, das mit einer Kette und einem einfachen Schloss verriegelt ist. Ein verschlafener Wachmann öffnet uns die Pforte. Mannshohe Steinhaufen türmen sich am Rand eines Wegs, der quer über den Friedhof führt. „Grabsteine gibt es hier schon lange keine mehr, nur noch Löcher und Berge von Schutt. Und viele Tote", sagt Eva. „Mehr als zweitausend liegen unter dem steinigen Boden. Weitere zweitausendvierhundert sind in Kisten verpackt und in Baubungalows verstaut." Es sind Archäologen, die so früh in der Ruhestätte für Unruhe sorgen. Sie knien in einer langen schmalen Grube voller weiß leuchtender, sauber aneinandergereihter Skelette. Es ist eine junge Mannschaft, kaum einer der Archäologen ist über dreißig. Sie lachen viel, zwei unterhalten sich über das vergangene Partywochenende, während der eine mit einem Messer Erde aus den Augenhöhlen eines Schädels kratzt und der andere die Hüfte eines Skeletts freilegt. „Schau, sie ist noch ganz", sagt der eine und hält den schmalen Hüftknochen wie eine Trophäe in die Luft. Franziska bedeutet dem Kameramann mit einer Handbewegung, die Szene aufzunehmen. Als die Archäologen Eva sehen, begrüßen sie sie überschwänglich. „Sie war die erste Journalistin, die sich für uns interessiert hat", sagt José, der Ausgrabungsleiter. „Seitdem sind Journalisten und Fotografen aus der ganzen Welt gekommen, um unsere Arbeit zu dokumentieren." Eva fragt, wie die Ausgrabungen vorangehen. „Das ist der neunundsiebzigste Körper im neunten Massengrab", sagt José und zeigt auf das Skelett, das ein Junge gerade in eine Kiste packt. „Neun Gräber haben wir noch vor uns."

Mittlerweile ist der Himmel tiefblau, die Hochhäuser des Arbeiterviertels Carretera de Cádiz ragen hoch hinter der zerfallenen Friedhofsmauer auf. Harte Diskorhythmen röhren jetzt aus dem sandverschmierten Radio. Wir sind mit Eva hinab in die Grube gestiegen, wo sie die Skelette in Augenschein nimmt. Da taucht am Rand des Grabs José auf, neben ihm steht ein kleiner älterer Herr. Er trägt einen Dreiteiler, sein grauer Schnurrbart ist sauber rasiert. „¡Hola!", ruft Eva ihm zu, als sie ihn sieht, und erklärt an mich gewandt: „Das ist José Dorado, der Präsident der Opfervereinigung Asociación para la Recuperación de la Memoria Histórica in Málaga. Wäre er nicht gewesen, würden heute die Kinder der umliegenden Hochhaussiedlung auf dem Gelände spielen. Die Stadt wollte nämlich einen Park auf dem Friedhof errichten, inklusive Spielplatz. Alle Gräber wurden ausgehoben und in den neuen Friedhof gebracht, weit außerhalb der Stadt. Nur die Gruben mit den Toten aus dem Bürgerkrieg und aus der Franco-Diktatur sollten liegen bleiben. Menschen wie José haben die Politiker dazu gebracht, die Vergangenheit aufzurollen."

Der alte Herr, der das Loblied gehört hat, ist verlegen. „Junge Menschen wie du, die ihre Vergangenheit kennenlernen wollen, sind wichtig, damit die Geschichte nicht vergessen wird. Von meiner Generation bleiben ja nicht mehr viele", sagt er. Die Kamera läuft jetzt mit. José Dorado erzählt uns, wie er vor sechs Jahren an Allerheiligen wie jedes Jahr auf dem Friedhof eine Kerze anzünden wollte und am Tor plötzlich ein riesiges Vorhängeschloss sah. Hinter den Eisenstäben sah er Bulldozer und Berge von Bauschutt. Sein Vater liegt in einem der Massengräber. „Ich bat den Wachmann mich hereinzulassen, aber der sagte nur, das ginge nicht, das sei jetzt eine Baustelle." José Dorado rief sofort im Rathaus an und erfuhr von den Plänen, auf dem ehemaligen Friedhofsgelände einen Park zu errichten. Von den Massengräbern wollte niemand etwas wissen. Die Tanzmusik scheppert immer noch aus dem kleinen Transistorradio. Den älteren Herrn scheint sie nicht zu stören. „Zuerst habe ich dann versucht, im Rathaus zu erreichen, dass unsere Angehörigen geborgen werden. Keiner wollte etwas tun. Dann bin ich zur Landesregierung nach Sevilla gefahren. Ich habe so lange gedrängt, bis mir jemand helfen wollte", fährt der grauhaarige Mann fort. Jeden Tag schaut er seit Ausgrabungsbeginn auf dem Friedhof vorbei, er beobachtet, wie die Archäologen die Knochen freilegen, plaudert mit den Freiwilligen, die dabei helfen, und mit Journalisten. „Wir haben es nur deshalb geschafft, dass die Toten geborgen werden, weil wir sehr diplomatisch vorgegangen sind", sagt José Dorado zu uns. Im Umgang mit der Kamera ist er geübt, er spricht ganz natürlich, so als wäre sie gar nicht da. „Wir haben nie Rachegefühle gehegt. Es ging uns auch nie darum, jemandem die Schuld zu geben. Wir wollen einfach nur, dass unsere Angehörigen eine würdige letzte Stätte bekommen und dass dieser Teil der spanischen Geschichte nicht in Vergessenheit gerät. Es gibt zu viele Familien, die das Thema totschweigen, weil sie immer noch Angst vor Verfolgungen haben."

Anfang des nächsten Jahres wird in einer Ecke des Geländes ein Mausoleum entstehen. Alle viertausendfünfhundert Toten sollen dort untergebracht werden. Davor werden DNA-Proben von den Angehörigen entnommen, damit die Körper identifiziert werden können. Eva hat ihre Daten bereits abgeliefert. „Mein Großvater war bisher noch nicht unter den Toten." Erst wenn alle Körper geborgen sind, darf der Stadtpark jetzt kommen.

Evas Mutter Rosario ist stolz auf die Initiative ihrer Tochter, doch richtig verstehen kann sie nicht, wieso sie mit solchem Eifer mehr über ihre eigene Vergangenheit erfahren will. „Was passiert ist, ist nun mal passiert. Meine Eltern wollten genauso wenig über diese Zeit sprechen wie die Familie von meinem Mann. Also haben wir auch nie nachgefragt", sagt sie. Rosario hat früh ihr Dorf verlassen, um mit ihrem Mann, der in Málaga arbeitete, zusammenzuziehen. Sie ist eine zierliche, stille Frau. Jeden Mittag kocht sie ein Dreigängemenü für die beiden knapp dreißigjährigen Söhne, die immer noch bei ihr wohnen, sie wäscht ihre Wäsche und putzt die Zimmer. Selten trifft sie sich mit Freundinnen. „Zu Eva habe ich immer gesagt, sie soll es nicht so wie ich machen, sondern studieren um selbstständig leben zu können." „Meine Mutter hat ein traditionelles Leben gewählt.

Es ist ganz anders als meines, aber genauso wertvoll", sagt Eva, die am Küchentisch sitzt und zusieht, wie Rosario ein Huhn für das Mittagessen zerlegt. „Sie war eben sehr in meinen Vater verliebt." Rosario sieht Eva kritisch an. „So einfach, wie du es darstellst, ist es nicht gewesen. Ich hatte keine Wahl. Früher war es normal, früh zu heiraten und die Arbeit aufzugeben, sobald das erste Kind da war. Unter Franco waren wir Frauen Menschen zweiter Klasse. Um ein anderes Leben zu führen, hätte ich kämpfen müssen, und ich war nie eine Rebellin." „Aber du hättest doch nach dem Ende der Diktatur etwas ändern können, wenn du gewollt hättest. Du hast mir immer gesagt, ich soll unabhängig sein, aber deine Söhne hast du noch nach ganz alten Maßstäben erzogen. Sie mussten nie abwaschen oder den Tisch decken. Das war immer meine und deine Aufgabe. Jetzt sind sie fast dreißig und wohnen noch zu Hause, damit du sie umsorgst – und sie rühren keinen Finger!" Eva hat anscheinend ein heikles Thema angesprochen, denn Rosario druckst herum, weiß nicht recht, was sie antworten soll. Schließlich sagt sie kleinlaut: „Natürlich hast du recht, aber es ist nicht so einfach, etwas zu ändern, was man so sehr verinnerlicht hat."

Später sitzen wir alle am Tisch vor dampfenden Tellern. Rosario hat zur Feier des Tages Paella gekocht. Doch während wir schlemmen, rührt sie den Löffel kaum an. Ihr Blick wandert von einem zum anderen, um sicherzugehen, dass es uns an nichts fehlt. Sobald ein Teller leer ist, springt sie auf und lädt nach, sie selbst isst nur ein paar Happen. Und erst als wir schließlich mehrmals betonen, dass wir wirklich satt sind, räumt sie die Pfanne weg und häuft Berge von Obst vor uns auf. Weintrauben, Birnen, Pflaumen und Bananen. „In Andalusien gilt es als unhöflich, wenn man nicht alles auf den Tisch räumt, was man hat. Der Gast ist König", sagt Eva, als ihre Mutter wieder einmal in der

Küche verschwunden ist, dieses Mal, um den Kaffee aufzusetzen.

Als Franziska und ich ins Hotel fahren, fasse ich das Gespräch der beiden Frauen, das wir mit der Kamera aufgezeichnet haben, zusammen. Sie ist begeistert. „Besser hätte es nicht laufen können, in der Familie steckt so viel Konfliktpotential! Die Tochter stellt das Leben der Mutter in Frage und kämpft gegen das Schweigen über die Vergangenheit in der eigenen Familie und im ganzen Land an. Jetzt bin ich noch auf die Großmutter gespannt."

„Bésame, bésame mucho, como si fuera esta noche la última vez – Küss mich, küss mich viel, als wäre diese Nacht das letzte Mal." Die Melodie des Copla-Klassikers dringt aus dem niedrigen Flachbau, zu dem uns ein alter Herr in dem Dorf Alfarnate geführt hat, als wir ihn nach dem Kulturhaus gefragt haben. Dort nimmt Evas Oma Tanzunterricht. Hinter den Fensterscheiben wirbeln ein paar ältere Frauen in langen, bunten Röcken übers Parkett, in den Händen halten sie kunstvoll bestickte Mantones. Als wir mit der Kamera in den Raum treten, geraten die Tanzschritte der Frauen ins Stocken, sie kichern verlegen. Doch die Lehrerin, die in unser Vorhaben eingeweiht ist, hält die Damen an, weiterzutanzen. „¡Vamos, vamos!" Josefa, Evas Oma, ist die Einzige, die sich von uns nicht beeindrucken hat lassen, sondern weiter ihre Pirouetten dreht. Sie genießt sichtlich die Aufmerksamkeit, die ihr zuteil wird. „Meine Großmutter ist eine Frau mit unglaublich viel Lebensfreude. Sie hat jetzt begonnen zu tanzen und spielt sogar Theater", hatte Eva über ihre Oma gesagt und nicht zu viel versprochen. Die über achtzigjährige weißhaarige Frau strahlt. Kaum ist der Unterricht vorbei, kommt sie auf uns zu und sagt: „Ich habe auf euch gewartet."

Alfarnate ist ein kleines Dorf. Alle Häuser sind weiß gekalkt, die Rollläden sind fast den ganzen Tag heruntergelassen, in den Gassen riecht es nach Eintopf. Wir folgen Josefa zu ihrem Haus. Sie bittet uns, an einem runden Tisch Platz zu nehmen, auf dem eine Decke liegt, die bis zum Boden reicht. „Das ist eine Mesa Camilla", erklärt sie. „Wenn euch kalt ist, könnt ihr die Beine unter die Decke stecken, da wird euch bestimmt gleich warm." Uns ist kalt, Alfarnate liegt in den Bergen, jetzt am Nachmittag sinken die Temperaturen auf zehn Grad. Josefa betätigt einen Schalter, wir decken uns zu und es dauert keine Minute, da ist uns angenehm warm. Ich werfe einen Blick unter die Decke, ein kleiner Heizkörper glüht dort feuerrot. „Früher haben wir die Glut aus dem Feuer unter den Tisch gestellt. Aber die Heizung wärmt länger und es ist ungefährlicher", sagt Josefa und verschwindet in der Küche. Franziska und ich sehen uns an und können uns ein Lachen nicht verkneifen. „Wir werden nach dem Dreh noch kugelrund sein dank der andalusischen Gebräuche", sagt sie. Tatsächlich kommt Josefa mit Saft, Keksen und Nüssen zurück.

Dann beginnen wir mit dem Interview. Zuerst stellen wir einfache Fragen über ihre Freizeit; als Josefa im Redefluss ist, packen wir die heiklen Themen an. „Wie hast du den Tod deines Mannes erlebt?" Zuerst erstarrt sie. Einen langen Moment denke ich, ich hätte die Frage im falschen Moment gestellt, doch dann ist Josefa plötzlich ganz gefasst. „Es war nicht einfach. Schließlich haben wir das ganze Leben zusammen verbracht. Doch seit ich mich daran gewöhnt habe, fühle ich mich plötzlich ... nun ja, frei. Ich muss niemandem mehr Rechenschaft ablegen, kann kochen oder es bleiben lassen, das Fernsehprogramm einschalten, das ich will ..."

Ich fasse Vertrauen und schiebe die zweite zentrale Frage unseres Interviews gleich hinterher. „Erinnerst du dich noch daran, wie es war, als Francos Truppen nach Alfarnate kamen?" Wieder bleibt Josefa zuerst stumm. „Wir konnten gerade noch nach Almería flüchten." Ihre Stimme erstickt. „Viele aus dem Dorf haben es nicht mehr geschafft ..." Dann bricht sie ab.

Als wir Josefa verlassen, blickt mich Franziska mit großen Augen an. Von der Bombardierung der Landstraße, die von Málaga nach Almería führt, im Spanischen Bürgerkrieg hat sie noch nie gehört. Das Massaker wird auch als das Guernica von Málaga bezeichnet. Viele Historiker sagen sogar, es war noch blutiger als das auf die Stadt im Baskenland, die durch das gleichnamige Gemälde von Picasso zum Sinnbild des Bürgerkriegs wurde. „Erzähl mir davon", fordert Franziska mich auf. „Februar 1937", beginne ich. „Spanien befindet sich mitten im Bürgerkrieg. Die nationalen Truppen unter General Francisco Franco sind auf dem Vormarsch, die Republikaner verlieren immer mehr Stellungen, Málaga, noch in roter Hand, ist gefährdet. In den Wochen zuvor waren unzählige Republikaner aus anderen andalusischen Städten hierher geflohen. Sie erzählen den Malagueños von den Gräueltaten, die die Spanisch-Marokkanischen auch an der Zivilgesellschaft verübten." Francisca und das übrige Team hören gebannt zu. „Als der Feind vor der Stadt steht, packen die Bürger der Stadt und der letzten roten Dörfer wenige Wertsachen und ein paar Kleidungsstücke ein und machen sich auf den Weg nach Almería, der letzten Bastion der Republikaner in Andalusien. Einige Quellen sprechen von 40 000 Menschen, die ihre Heimat aus Angst vor den Truppen Francos zurücklassen, andere von 150 000. Auf der Küstenstraße kann man kaum laufen vor lauter Menschen. Wer müde ist, legt sich an den Straßenrand. Mütter tragen ihre Kinder, Söhne nehmen ihre alten Eltern auf die Schultern. Drei Tage dauert der Exodus, Málaga ist mittlerweile von Francos Truppen eingenommen, da hören die Flüchtlinge die ersten Flugzeuge. Vom Meer her nähern sich zwei

Schiffe des nationalen Lagers, sie haben die Malagueños im Visier. Deutsche und italienische Flieger – Hitler und Mussolini unterstützen Franco – lassen über La Cala del Moral die ersten Bomben fallen. Ins Gedächtnis der wenigen Überlebenden graben sich schreckliche Bilder." Als ich aufhöre zu erzählen, ist es still im Auto. Schließlich sagt Franziska: „Genauso erklären wir die Geschichte in unserem Film. Du musst für die Sequenz unbedingt Archivbilder suchen."

Auf der übrigen Rückfahrt nach Granada schweigen wir. Die Abendsonne taucht die Olivenhaine in ein goldenes Licht. Bei Casabermeja passieren wir einen der riesigen schwarzen Obsorne-Stiere, der hier direkt am Straßenrand steht. Noch bevor wir in Granada im Hotel ankommen, ist es stockdunkel.

Dezember

Machos und Tortilla

Die Stimmung in meinem arabischen Viertel in Granada erinnert mich jetzt im Dezember ein bisschen an einen alternativen Weihnachtsmarkt. In der Stadt ist es klirrend kalt, die Gipfel der Sierra Nevada sind schneebedeckt. In den engen Gassen des Albayzin bieten die marokkanischen Einwanderer wie immer Ledertaschen, bunte Pantoffeln, glitzernde Ohrringe und Lampen feil. Überall duftet es nach Räucherstäbchen. In den Teterías servieren die Kellner dampfenden Tee und zuckersüßes Gebäck. Touristen sind jetzt viel seltener unterwegs als in den Sommermonaten.

Jaime, der dieses Dezemberwochenende bei mir verbringt, steuert zielstrebig auf ein Teehaus zu, „das beste in der ganzen Stadt", hat er geschwärmt. Wir sind dick eingepackt und unser Atem bildet kleine Wölkchen in der Luft. „Wie kalt ist es in Deutschland?", fragt Jaime. Nördlich von Spanien war er bisher nur einmal; als er seine Mutter bei einer Wallfahrt nach Lourdes begleitet hat. „Es ist genauso kalt wie hier, nur dass es in den Häusern immer schön warm ist. In meinem Leben habe ich noch nie so gefroren wie hier." Jaime blickt mich skeptisch schräg von der Seite an. „Aber du musst doch an die Kälte gewöhnt sein." Ich schüttele mich. „Von wegen."

In der vergangenen Woche sind die Temperaturen in Granada das erste Mal auf null Grad gefallen, in den Häusern liegen sie bei maximal fünfzehn. Meinen dicken Daunenmantel habe ich seitdem nicht mehr ausgezogen. Länger als eine halbe Stunde kann ich nicht am Computer schreiben, dann muss ich meine Finger an einer heißen Tasse Tee auftauen. Der kleine Heizstrahler, den ich gekauft habe, nachdem ich in der ersten kalten Nacht kein Auge zutun konnte, weicht nicht von meiner Seite. Ich nehme ihn mit vom Schlafzimmer ins Bad, von dort in die Küche, und dann stelle ich ihn unter meinen Schreibtisch. Über meine Beine und den Strahler lege ich eine Decke, ganz im Stil der Mesa Camilla. Doch auch wenn er auf Hochtouren läuft, richtet er gegen die eisigen Temperaturen kaum etwas aus.

Wir stoßen die Tür zu Jaimes Lieblingsteteria auf, das sanfte Klirren eines Glasmobiles erklingt, das die arabische Musik, die den Raum erfüllt, untermalt. Kaum nehmen wir Schal und Mütze ab, will uns schon der Kellner zu einem freien Tischchen führen. „Wir würden gern in das Turmzimmer", sagt Jaime geheimnisvoll, dazu setzt er eine wichtige Miene auf. Der Kellner weist uns den Weg zu einer schmalen Wendeltreppe im hinteren Teil der Tetería. „Dos tés morunos", bestellt Jaime, bevor wir uns nach oben schrauben. Kaum sind wir in der oberen Etage angelangt, erkläre auch ich das Teehaus zu meinem neuen Liebling. Ein filigranes Holztischchen steht ganz allein unter einer Glaskuppel, durch die wir in den Winterhimmel blicken. Drum herum sind bunte, mit Spiegelchen bestickte Sitzkissen verteilt. „Das ist mein Geheimtipp", sagt Jaime mit einem zufriedenen Lächeln. Der Kellner bringt uns zwei Tassen mit dampfendem grünem Tee, der mit frischer Minze und viel Zucker verfeinert ist.

„Hatte das Viertel schon immer diesen arabischen Charme?" Auch wenn Jaime aus Málaga kommt, ist er seit langem ein Liebhaber von Granada gewesen, er kennt sich in der Stadt aus, als ob er hier geboren wäre. „Gar nicht! Das Viertel war weder schön noch arabisch. Vor ein paar Jahren war der Albayzin ziemlich heruntergekommen", erinnert er sich. „In den Gassen gab es viele Junkies und Prostituierte.

Deshalb konnten die Marokkaner, die auch jetzt noch die Teterías und Läden betreiben, sich so ungestört niederlassen – die Spanier waren regelrecht geflohen. Die Stadt begann erst mit der Renovierung der Straßen, als die Urlauber den Charme des Albayzin schon entdeckt hatten. Nur wenige Spanier haben hier Geschäfte aufgemacht oder behalten, fast alles gehört heute den Marokkanern."

Ich erzähle Jaime von der Moschee am Aussichtspunkt Mirador de San Nicolás, auch er hat davon gehört und ist neugierig. Nach dem Tee machen wir uns auf den Weg dorthin. Die kleine Mezquita im Albayzin ist zwischen zwei katholischen Kirchen eingeklemmt, auf der rechten Seite liegt die Iglesia San Nicolás, links die von San Salvador. Ich habe Jaime gesagt, dass die Moschee nur nach Voranmeldung und nur für Gruppen geöffnet ist. Doch das scheint für ihn nur noch ein größerer Anreiz, die Mezquita gerade jetzt zu besuchen. „Es gibt nichts Schöneres, als Regeln zu brechen", antwortete er. Mit einem mulmigen Gefühl folge ich ihm in die Moschee. „¿En qué os puedo ayudar? – Wie kann ich euch helfen?", fragt ein bärtiger Spanier prompt, gerade als wir unsere Schuhe ausziehen, um den Innenraum zu betreten. Sofort werde ich rot, eine kluge Antwort fällt mir nicht ein. „Wir haben uns gerade über die islamische Gemeinde von Granada unterhalten und wollten deshalb die Moschee besuchen", sagt Jaime stattdessen freundlich. Dann fügt er noch hinzu: „Das ist meine Freundin, sie ist Journalistin aus Deutschland und sehr an dem Thema Islam in Spanien interessiert." Ich lächele den Mann unsicher an. Doch zu meiner Überraschung höre ich ihn sagen: „Wenn ihr wollt, zeige ich euch die Moschee. Ihr habt Glück, es ist gerade nicht Gebetszeit. Ich bin übrigens der Direktor, Abdalhasib Castiñeira." Dann streckt er uns seine Hand entgegen.

„Mussten sie hart kämpfen, um in Granada eine Moschee

zu errichten?", frage ich Abdalhasib schnell, schließlich muss ich Jaimes Einführung gerecht werden. „Und ob", antwortet er und schnauft. „Die spanische islamische Gemeinde hat dieses Grundstück schon im Jahr 1981 gekauft. Die Kirche San Salvador gleich nebenan war während der maurischen Besatzung, also vor fünfhundert Jahren, eine von 26 Moscheen der Stadt. Nach der christlichen Rückeroberung wurde sie zur Kirche umgewandelt. Dort wird zwar schon lange keine Messe mehr gefeiert, doch das frühere Gotteshaus wollte die Stadt uns in keinem Fall zur Verfügung stellen. Deshalb kauften wir das Nachbargrundstück. Doch dann gingen die Probleme erst richtig los. Viele konservative Katholiken haben uns Steine in den Weg gelegt." Castiñeira streicht immer wieder mit Daumen und Zeigefinger über seinen Bart, während er spricht. „Erst waren es archäologische Funde, die den Baubeginn verzögerten, dann der Flächennutzungsplan, in dem die Moschee erst nach jahrelangen, langwierigen Debatten aufgenommen werden konnte. Zum Schluss hat man uns dann gezwungen, das ursprüngliche Projekt zu verändern und eine sehr viel bescheidenere Moschee zu bauen, als wir geplant hatten."

Abdalhasib führt uns zum Ausgang, einige Gläubige sind jetzt zum Gebet gekommen. Wir schlüpfen in die Schuhe und treten in den Garten. „Wie ist das Zusammenleben jetzt?", fragt Jaime. „Es ist besser geworden. Am Anfang haben ein paar Jugendliche islamfeindliche Graffitis an die Wände gesprüht, aber das hat irgendwann aufgehört. Trotzdem gibt es immer noch Konflikte mit den Christen. Allein schon die Reconquista-Feiern sorgen jedes Jahr für Aufregung."

Der 2. Januar, der Tag, an dem der letzte Maurenkönig Boabdil im Jahr 1492 den Katholischen Königen Fernando und Isabel die Schlüssel zum Tor der Stadt übergab, ist das wichtigste Datum im Kalender von Granada. Mit der christlichen Rückeroberung der letzten maurischen Bastion war die islamische Besatzung der Iberischen Halbinsel endgültig beendet. An dem Feiertag trägt jedes Jahr eine katholische Prozession die Fahne, die Fernando und Isabel bei der Eroberung gehisst haben, bis zum Rathaus der Stadt, wo ein Politiker sie erneut emporzieht. In der islamischen Gemeinde stößt diese Tradition natürlich auf Abneigung.

„Wir verstehen nicht, wie man diesen Tag feiern kann", sagt Abdalhasib, als ich ihn frage, wie er dazu steht. „Es war ein grausamer Kriegszug der Katholiken gegen die Muslime." Für die Katholiken ist es hingegen der Befreiungsschlag gegen eine jahrhundertelange Unterdrückung. Dennoch scheinen sich Christen und Muslime anzunähern. Die katholischen Granadinos verzichteten in den letzten Jahren auf den Pomp bei den Eroberungsfeiern, das maurische Erbe der Region schätzen auch sie immer mehr. Abdalhasib erzählt uns später, dass er bis zum Jahr 1977 Katholik war und Ramón hieß. Er sagt: „Immer mehr Andalusier kehren zu ihren Wurzeln zurück." Womit er meint, sie konvertieren zum Islam. „Das maurische Erbe ist in Andalusien sehr lebendig, keiner kann sich dem verschließen. Fast achthundert Jahre war das Land islamisch", erklärt er. Abdalhasib glaubt, der Islam sei in ganz Andalusien auf dem Siegeszug. „Seit der Gründung der Moschee sind hier bestimmt schon hundert Menschen zum Islam übergetreten. Es ist mehr als eine Religion, es ist eine antimaterialistische Lebensauffassung." Abdalhasib sagt, es sei genau das, was viele in den Zeiten des Scheiterns des Kapitalismus suchten.

„Siehst du, auf die spanische Art kommt man weiter als mit der deutschen", triumphiert Jaime, als wir zum Mirador San Nicolás schlendern. Ein paar langhaarige Männer spielen dort Gitarre, eine rundliche, runzlige Gitana spielt dazu im Takt die Kastagnetten, die sie an die Touristen verkaufen will. Er freut sich wie ein kleines Kind, dass wir die Moschee gesehen haben, obwohl ich behauptet hatte, das sei ohne Voranmeldung unmöglich. „Deine Taktik hätte auch nach hinten losgehen können", wende ich ein. „Na und? Dann wären wir eben gegangen, und du hättest brav, ganz deutsch, einen Termin ausgemacht." „Du hast ja recht", gebe ich mich geschlagen. Wir setzen uns auf die Mauer, die den Aussichtspunkt begrenzt, und blicken auf die Alhambra, die Palastanlage der letzten islamischen Herrscher, auf die alle Andalusier heute so stolz sind.

Als ich am nächsten Montag meine E-Mails lese, ist mein erstes Weihnachtsgeschenk dabei. Eine deutsche Zeitschrift will eine Reportage über die Aufzucht des Iberischen Luchses im Nationalpark Coto de Doñana. Erst in der Woche davor hatte ich an meine Bekannten eine Mail verschickt, dass ich jetzt in Andalusien lebe und Aufträge suche. Ohne zu zögern gehe ich in ein Internetcafé, um Hannah, die Absenderin der Mail, anzurufen. Sie selbst kenne ich nicht, vermutlich hat einer meiner Freunde meine Adresse weitergegeben. Das Gespräch läuft gut, Hannah freut sich, dass ich mitmachen will. Sie erklärt mir, dass sie das Thema interessiert, weil der Iberische Luchs die erste große Raubkatze weltweit sei, die vom Aussterben bedroht ist. „Wenn alles wo weitergeht wie bisher, gibt es den Luchs in spätestens dreißig Jahren nicht mehr", sagt sie. „Schuld an der Entwicklung ist nur der Mensch. Die Bauwut hat das natürliche Habitat der Wildkatze zerstört. Das Aufzuchtprogramm im Nationalpark Doñana ist ihre letzte Chance. In Kürze sollen die ersten Jungtiere in die Freiheit entlassen werden. Dabei wird sich herausstellen, ob das Programm funktioniert." Hannah will ein paar Texte von mir lesen, bevor sie mir den Auftrag zusichert. Am nächsten Tag gibt sie mir das Okay, die Reportage soll bis Ende Januar fertig sein.

Weil ich Zeit habe und mein künftiges Revier kennenlernen möchte, beschließe ich, den Nationalpark schon nächste Woche zu erkunden. Die letzten Recherchen für Franziskas Film sind abgeschlossen, meine Bewerbungen bei den beiden deutschsprachigen Wochenzeitungen an der Costa del Sol abgeschickt; aber erst Mitte Januar, nach den endlosen spanischen Weihnachtsfeiertagen, habe ich Termine für die Vorstellungsgespräche in Málaga und Marbella bekommen. Auch die deutschen Residenten haben sich anscheinend an die spanischen Gebräuche angepasst.

Das Naturschutzgebiet Coto de Doñana erstreckt sich im Mündungsbereich des Flusses Río Guadalquivir in der Provinz Huelva und ist vor allem deshalb ein Naturschutzgebiet, weil hier zwei Mal im Jahr sehr viele Zugvögel auf dem Weg zwischen Europa und Afrika einen Zwischenstopp einlegen. Der heutige Name spielt noch auf die frühere Bestimmung des Geländes an. Coto heißt Jagdgebiet, und Doña Ana, die Gattin des einstigen Besitzers, des Herzogs von Medina Sidonia, hatte ihre Residenz in einem Jagdschloss im Park. Bei meinen Nachforschungen über das Naturschutzgebiet finde ich auch heraus, dass es Engländer waren, die sich zuerst um das Ökosystem an der Guadalquivirmündung sorgten. Ende des 19. Jahrhunderts kaufte ein britischer Sherryimporteur das frühere Jagdrevier. Als Franco Ende der Fünfzigerjahre begann, Grundstücke am westlichen Rand von Doñana an Bauherren zu verkaufen, die große Ferienanlagen errichteten, lud der Geschäftsmann englische Wissenschaftler zu einer Expedition in die Lagunenlandschaft. Der Besuch trug maßgeblich zur Gründung der Naturschutzstiftung WWF bei, deren erstes Projekt die Rettung der andalusischen Lagunenlandschaft Doñana war. Die britischen Wissenschaftler trommelten Spendengelder zusammen, mit denen sie siebentausend Hektar Land vor dem Griff der Tourismusunternehmen retten konnten. Im Jahr 1969 wurden auch die Spanier auf ihr Juwel aufmerksam, sie stellten das vom WWF aufgekaufte Gebiet und weitere dreißigtausend Hektar unter Naturschutz. Seit 1994 gehört der Park außerdem zum Weltkulturerbe der Unesco. Einmal im Jahr, an Pfingsten, ignorieren die Spanier den Umweltschutz aber gründlich. Der Weiler El Rocío am Rand des Parks verwandelt sich dann in das Ziel der wichtigsten andalusischen Wallfahrt, zur Romería zu Ehren der Jungfrau von El Rocío pilgern jedes Jahr Millionen von Gläubigen in Pferdekarossen quer durch den Nationalpark.

Vollgepackt mit Informationen setze ich mich ans Steuer meines Busses und mache mich auf in Richtung Südwesten. Die endlosen Olivenhaine der Provinz Granada wechseln in Sevilla die Dehesas, die Eichenwälder, ab. Nach mehr als drei Stunden Fahrt quer durch Andalusien bin ich endlich an der Autobahnausfahrt El Rocío angelangt. Der Naturpark ist nur mit Genehmigung zugänglich, aber der Wallfahrtsort liegt knapp außerhalb der Naturparkgrenzen und ist deshalb mit dem Auto zu erreichen. Der Weiler sieht aus wie die Filmkulisse zu dem Western „Spiel mir das Lied vom Tod". An staubigen Sandstraßen reihen sich Holzhäuser, davor sind Holzpflöcke angebracht, an denen die Wallfahrer ihre Pferde anbinden. Nur hundert Menschen wohnen in El Rocío. Dass sich hier im Mai eine Million Menschen zusammenfinden, kann ich mir beim Anblick der vier verlassenen Straßen kaum vorstellen. Keine Menschenseele ist unterwegs, es gibt keine Bar, kein Geschäft, nichts. Nur staubigen Sand. Ringsherum weites, flaches Land. Ich flüchte aus dem Gespensterdorf und steuere auf das nächste Besucherzentrum zu.

In El Acebuche bestätigt mir eine Dame, dass meinem VW-Bus die Sandstraßen des Nationalparks verschlossen bleiben. Sehr weit hätte ich mich mit meinem klapprigen Gefährt auch nicht in die sandige Einöde gewagt. Aber leider ist der Park auch zu Fuß weitgehend unzugänglich. Nur wenige Kilometer lange, ausgeschilderte Wanderwege führen von den drei Besucherzentren in das Naturschutzgebiet. Den Rest darf man nur an Bord eines Geländewagens bei einer Führung erkunden. Ich frage die Frau an der Rezeption, wo ich die Aufzucht der Pardelluchse finde. Sie sieht mich etwas erstaunt an und sagt dann, dass das Zentrum gleich gegenüber liege. Bis zu meinem Termin im Zentrum habe ich noch eine halbe Stunde. Ich folge einem der Wege in die Dünenlandschaft, doch meine Aufmerksamkeit liegt bald bei den seltsamen Vögeln, die im Sand stolzieren.

Dann melde ich mich an der Pforte des Aufzuchtszentrums an. Ich warte keine fünf Minuten, da holt mich Astrid Vargas ab, sie ist Biologin und in El Acebuche für das Aufzuchtsprogramm des Luchses verantwortlich. Am Telefon habe ich ihr schon von meinem Auftrag erzählt und sie hat begeistert geantwortet, dass sie sich sehr über das Interesse freut. Jetzt steht sie mir gegenüber, bereit, mich ihren Luchsen vorzustellen. Vargas ist eine kleine, energische Frau. Sie trägt sportliche Kleidung, kurze braune Haare. Der Pardelluchs ist ihre Herzensangelegenheit, die hellbraunen Augen strahlen, wenn sie von ihm erzählt. „Im Jahr 2005 kam das erste Pardelluchsbaby in Gefangenschaft zur Welt. Das war ein Riesenerfolg. Denn uns bleibt nur dieser Weg, um die Art zu retten“, sagt sie. Vargas führt mich in ein riesiges Gehege, hinter einem Zaun tollen zwei Luchsbabys, ihre Mutter liegt faul auf dem Boden. „Doch die große Frage ist jetzt, ob die in Gefangenschaft aufgezogenen Tiere auch in Freiheit überleben können.“ Ich erfahre, dass der Luchs nur noch in Doñana und im Gebirge Sierra Morena im Norden von Andalusien vorkommt. Dorthin will das Team von Vargas im Frühjahr einige Jungtiere bringen. „Die Luchse sind sehr anspruchsvolle Tiere und passen sich nur sehr schlecht an die Lebensbedingungen in Gefangenschaft an. Ein Weibchen braucht für die Aufzucht ihrer Jungen mehr als dreihundert Hektar Jagdrevier. Kaninchen stellen ihre Hauptnahrungsquelle dar, aber die werden in Andalusien immer seltener", erzählt Vargas.

Die beiden jungen Luchse hinter dem mannshohen Gitter erinnern mich an Hauskatzen mit dickerem Fell. Vargas ist meinem Blick gefolgt. „Die Luchse sehen harmlos aus, haben aber den Instinkt von Tigern", sagt sie. „Die ersten drei Jungtiere, die wir hier aufgezogen haben, haben sich so lange untereinander bekämpft, bis eines tot war." Vargas erzählt mir, dass sogar die Mütter manchmal den gesamten ersten Wurf töten. „Die Katzen scheinen sich das Überleben noch schwerer machen wollen", sagt sie und seufzt.

Dann erzählt sie mir, dass die Jungtiere in El Acebuche gerade für den Außeneinsatz trainiert werden. Dabei geht es vor allem darum, dass sie Straßen als Gefahr erkennen. „Der größte natürliche Feind der Tiere sind wir Menschen. Es gibt heute in ganz Spanien kein dreihundert Hektar großes Gebiet mehr, in dem keine Straßen verlaufen." Jedes Jahr will die Mannschaft vom Aufzuchtszentrum in Doñana jetzt zwischen zwölf und vierzehn Junge in die Freiheit entlassen. „Wir müssen aber auch die Bevölkerung für die Gefahr sensibilisieren, denn viel zu oft fallen die Luchse noch Wilderern zum Opfer." Auch wenn das Jagen im Nationalpark Coto de Doñana schon lange verboten ist, ziehen viele Anwohner nachts mit dem Gewehr los. Das Wildern ist der heimliche andalusische Nationalsport. Bevor wir uns verabschieden, frage ich, ob ich bei der ersten Fahrt in die Freiheit der ersten Jungen dabei sein kann. Vargas verspricht, sich bei mir zu melden, wenn es so weit ist.

Ich folge der schmalen, schnurgeraden Straße durch den Naturpark zum Strand auf der Suche nach den Zugvögeln, die gerade im Park Halt machen. Zuerst führt sie mich durch einen dichten dunkelgrünen Pinienwald, danach vorbei an haushohen Dünen; dann stößt die Straße auf einen goldgelben Sandstrand, dahinter liegt der dunkelblaue Atlantik. Die Ruine eines alten maurischen Wachturms steht nicht weit entfernt, mit Blick auf den Ozean. In einer Parkbucht lasse ich meinen Bus stehen. Mittlerweile ist es fast fünf Uhr abends, der Horizont verfärbt sich langsam orangerosa. Eine frische Brise weht, die Kapuze meiner Windjacke ziehe ich tief in die Stirn. Hoch über mir fliegen die Zugvögel vorbei, und ich lasse meine Gedanken schweifen. Plötzlich sehe ich mich mit gepacktem Koffer vor Jaimes Wohnungstür stehen. Heftig schüttele ich den Kopf, um mich wieder auf den Boden der Tatsachen zu bringen. Wir haben uns doch erst vor zwei Monaten wiedergetroffen, sage ich mir. Aber dann gebe ich mich wieder meinem Gedankenspiel hin, und es fühlt sich eigentlich ganz gut an. Jaime hat sich vor kurzem eine alte Dachwohnung in der Altstadt von Málaga gekauft. Bei seinem letzten Besuch in Granada hat er mir ohne Umschweife angeboten, zu ihm zu ziehen. Entrüstet habe ich abgelehnt. Doch als ich jetzt in Ruhe über seinen Vorschlag nachdenke, finde ich die Idee immer besser. Málaga ist für meine berufliche Zukunft ein strategisch besserer Ort als Granada. Die beiden Wochenzeitungen haben dort ihren Sitz und mit ihnen die rund zehntausend deutschsprachigen Residenten. An der Costa del Sol werden viele Werbefilme gedreht, bei denen ich als Produktionsassistentin arbeiten könnte. Außerdem finden wir viel schneller heraus, ob es zwischen uns wirklich klappt, wenn wir zusammenleben. Noch sind meine Bedenken nicht ganz aus dem Weg geräumt, aber der Gedanke geht mir nicht mehr aus dem Kopf.

„Auf geht's! Wir müssen zum Tortilla-Wettbewerb!" Esther ist am Telefon ganz aus dem Häuschen, unsere Lieblingsbar an der Plaza Larga gleich bei ihr um die Ecke hat zu einer alternativen Weihnachtsfeier geladen. Jeder Gast muss eine selbstgemachte Tortilla mitbringen, die alle kosten und bewerten sollen. Der Koch des besten Stücks bekommt ein Geschenk. Ich ziehe die Wollmütze tief ins Gesicht und mache mich auf den Weg zu Esther. Bisher habe ich mich noch nicht an die Zubereitung des heimlichen spanischen Nationalgerichts gewagt, deshalb werde ich ihr nur assistieren. Die Paella ist zwar die berühmteste Speise, aber in der eigenen Küche bereiten die Spanier am liebsten und am häufigsten das Eier-Omelette mit Kartoffeln zu. Mit Leidenschaft diskutieren sie darüber, ob die Kartoffeln frittiert werden sollen, bevor sie zu der Tortilla-Mischung gegeben werden oder nicht, ob die Eier am Ende fest gesotten oder doch lieber etwas flüssig sein sollen und ob die Zwiebel überhaupt dazugehört. Esther hat sich für die Zwiebelversion entschieden und will zu der klassischen Mischung noch eine Portion Pisto, gekochtes Gemüse, geben. „Damit gewinnen wir!", behauptet sie siegessicher. Esther hat eine Schürze mit Blümchenmuster umgebunden, in der Hand hält sie einen Kochlöffel. „So kenne ich dich ja gar nicht", sage ich bei ihrem Anblick verblüfft. Die alternative Esther, die sich auf keinen Jungen festlegen will und am liebsten in den Bars des Albayzin abhängt, hat sich in der Küche zur Hausfrau gewandelt. „In jeder Andalusierin steckt ‚una verdadera ama de casa'", sagt sie. Ich suche vergeblich nach der Ironie in ihrer Aussage. Das passt so gar nicht zu dem Bild, das ich bisher von ihr hatte. Die Männer versorgende Mama scheinen tatsächlich alle andalusischen Frauen verinnerlicht zu haben.

Als wir mit Esthers Tortilla in der Bar eintrudeln, tummeln sich zu meiner Freude auch eine Menge Köche unter den Besuchern. Auch unser Freund Sami hat ein Omelette gezaubert und hält uns das etwas verunglückte Geschöpf stolz unter die Nase. Es riecht penetrant nach Ei, er hat wohl die Flüssigei-Variante gewählt. Wir reihen uns in die Schlange ein, um die Tortillas an der Bar abzugeben. Der Kellner gibt uns für jede einen Zettel mit einer Nummer, die 25 und 26, und gleich ein Glas Alhambra-Bier vom Fass dazu. Er sagt uns, dass in etwa einer halben Stunde jeder ein kleines Stück von jeder Tortilla probieren und sein Urteil fällen soll. Hinter uns warteten bestimmt noch zehn weitere Tortillas in der Schlange und ich sehe unsere Cholesterinwerte in den Himmel steigen. Einen freien Tisch ergattern wir nur noch vor der Tür. Meinen Schal zurre ich noch fester um den Hals und wünschte, das kalte Bier wäre ein dampfender Glühwein. „Das ist meine erste Tortilla", sagt Sami mit unverhohlenem Stolz in der Stimme. Er blickt uns auffordernd an, anscheinend erwartet er, dass wir ihn mit Anerkennungsschreien überhäufen. „Höchste Zeit", sage ich. Damit hat er nicht gerechnet, sein Lächeln gefriert. „Für mich war das eine echte Herausforderung", versucht er es erneut. „Es sollte aber eigentlich ganz normal sein, dass du eine Tortilla machen kannst. Das ist schließlich eines der einfachsten Gerichte der spanischen Küche." In jedes Wort lege ich eine ordentliche Portion Entrüstung.

Sami ist 33 Jahre alt, Mathematiklehrer und wohnt seit ein paar Jahren in einer Wohngemeinschaft im Zentrum von Granada. Seine Eltern leben in einem Vorort, und nach Schulschluss nimmt er regelmäßig Kurs auf die Schlafstadt, um sich von seiner Mutter verköstigen zu lassen. Sami versucht es nicht einmal zu leugnen. „Wie soll er denn kochen können, wenn er sogar seine Schmutzwäsche zu den Eltern bringt", sagt Esther. „Meine Mutter freut sich, wenn sie mir helfen kann. Außerdem weiß ich nicht mal, wie man eine Waschmaschine bedient", kontert Sami mit ernster Miene. Ich bin sprachlos. Auch Esther scheint bereit, mich zu schockieren, denn sie erklärt voller Ernst: „Meine Mutter sagt heute noch, dass sie stolz darauf ist, dass mein Bruder nie etwas im Haushalt gemacht hat."

Ich komme aus dem Staunen nicht heraus. Die Geschichte von Evas Familie hielt ich für eine Ausnahme. Doch es stellt sich heraus, dass sie die Regel ist. Esther ist Mitte dreißig, genauso alt wie Jaime. „Das würde ja bedeuten, dass die Mütter die größten Machos von allen sind", sage ich. „Es ist vermutlich nicht so einfach, das abzulegen, was man dir jahrelang eingetrichtert hat", versucht Esther das Dilemma zu erklären. „Während der Franco-Diktatur war ja der einzige Zweck der weiblichen Existenz, dem Mann zu dienen. Vor dem Gesetz blieben sie quasi immer Minderjährige." „Das weiß ich und deshalb dachte ich, dass die Frauen nach dem Tod des Diktator einen unglaublichen Freiheitsdrang verspüren müssten", sage ich und füge nach einer kurzen Denkpause an: „Aber die meisten Männer haben sich während der Franco-Jahre bestimmt in kleine Diktatoren verwandelt. Schließlich war die Situation für sie mehr als bequem." „Und viele Frauen fanden sich mit der Unterdrückung ab und identifizierten sich mit dem aufgezwungenem Selbstbild, um nicht völlig frustriert zu sein", ergänzt Esther. „Die Männer und Söhne müssten die Frauen bei ihrer Befreiung aus der Rolle der Hausfrau also eigentlich unterstützen", sage ich mit Blick auf unseren Freund.

Sami ist unserer Diskussion schweigsam gefolgt. „Wollt ihr mir etwa ein schlechtes Gewissen einreden?", fragt er. Esther – sie ist wieder ganz die, die ich kenne – hat schon die passende Antwort parat: „Das Ende der festgefahrenen Rollenverteilung wäre doch auch für euch Männer ein Riesenvorteil. Ihr seid in eurer emotionalen und persönlichen Entwicklung schließlich genauso eingeschränkt wie die Frauen." „Wie meinst du das denn?", fragt Sami etwas versöhnlicher. „Die Gesellschaft erwartet von euch, dass ihr immer stark seid, keine Gefühle zeigt, nicht weint und so weiter. Um dieser Rolle gerecht zu werden, müsst ihr Männer einen Teil eurer Persönlichkeit leugnen", erklärt Esther und bringt mich mit ihrer Argumentation zum Nachdenken. „Genau das ist es", sage ich. „Man muss den Männern klarmachen, dass sie mit mehr Gleichberechtigung nur gewinnen können. Da sind dann aber auch wieder die Frauen gefragt." „Es gibt sogar einen Männerverein, der sich für mehr Gleichberechtigung einsetzt. Die treffen sich jede Woche, um über ihre Gefühle und Probleme zu sprechen. Da kannst du ja mal vorbeischauen, Sami ..." Er lacht verlegen, sagt, er werde mal nach den Tortillas schauen, und verschwindet im Inneren der Bar.

Meine Aufmerksamkeit hat der Verein aber gewonnen. Esther verspricht, mir die Nummer zu geben, damit ich mir die Männer mal ansehen kann. Da kommt Sami schon mit einem Tablett voller Tortilla-Stückchen aus der Bar heraus, jedes mit einem Fähnchen und einer Nummer versehen. In der Hand hält er ein Blatt mit einer Tabelle, auf der wir eine Note für jedes Stückchen eintragen müssen. „Beklagt euch nicht. Eigentlich wollt ihr doch auch Machos als Männer", sagt er, als er das Tablett vor uns auf den Tisch stellt. Esther und ich sehen uns an und verdrehen die Augen. „Und jetzt macht euch bereit: Meine Tortilla wird euren Gaumen verzaubern."

Januar

Über den Dächern von Málaga

Wie in meinem Gedankenspiel am Strand von Doñana stehe ich mit meinen beiden Rucksäcken vor der Haustür von Jaime. Ich zögere einen langen Moment, bevor ich den Klingelknopf drücke. Während der Weihnachtsfeiertage habe ich Jaime noch einmal in Málaga besucht, und wir haben uns ausführlich über das Zusammenziehen unterhalten. Nach dem Gespräch waren wir uns einig, dass wir es versuchen sollten. Doch als ich jetzt vor seinem Haus stehe, das bald auch mein Zuhause sein soll, ist jede Sicherheit von mir gewichen. In Málaga kenne ich außer Jaime keine Menschenseele, bis auf zwei vage vereinbarte Vorstellungsgespräche habe ich beruflich nichts in der Hand, und mein Freund ist eigentlich noch ein Unbekannter.

„Ich weiß doch nicht mal, ob du deine Wäsche selber wäschst!“, falle ich mit der Tür ins Haus. Jaime sieht mich mit großen Augen an. „Wer soll es denn sonst machen?“, fragt er mich erstaunt. Ich bin beruhigt, immerhin scheint er seine Schmutzwäsche nicht wie Sami zur Mutter zu bringen. Und da im Augenblick nicht die beste Gelegenheit zu sein scheint, das Thema tiefgreifender zu behandeln, nehme ich seine Einladung an, erst einmal einen heißen Tee zu trinken. Denn auch bei ihm in der Wohnung ist es kühl – obwohl es in Málaga einige Grade wärmer ist als in Granada.

„Mira, schau, das Zimmer könnte doch dein Arbeitszimmer sein.“ Jaime hat Wasser aufgesetzt und mir dann zu verstehen gegeben, ihm zu folgen. Der Ausblick aus dem Zimmer ist der beste in der ganzen Wohnung, ein rotbraunes Ziegelmeer erstreckt sich vor dem Fenster, in der Ferne liegt der Turm der Kathedrale und die Festung Gibralfaro. Zugegeben, mit der Alhambra kann die maurische Festungsanlage von Málaga nicht mithalten, aber schön ist sie dennoch. Jaime ist anscheinend daran gelegen, dass ich den grandiosen Ausblick von meinem Zimmer in Granada nicht vermisse. Ich bin gerührt. Und während ich noch auf dem riesigen Sofa im Wohnzimmer auf den Tee warte, fühle ich mich ganz schlecht wegen meines groben Benehmens zu Beginn. Jaime hat Flamenco aufgelegt, in einer Ecke des Zimmers entdecke ich einen elektrischen Heizkörper, der auf Hochtouren gegen die Kälte ankämpft. Ich schenke Jaime mein versöhnlichstes Lächeln.

„Hast du Lust an den Strand zu fahren?", fragt er mich, als wir den Tee ausgetrunken haben. Er lässt mir keine Bedenkzeit, sondern setzt mir einen Helm auf den Kopf, der aussieht wie eine halbe Eierschale. „Vergiss deine Daunenjacke nicht, wir fahren mit meiner Vespa." Jaime hat eine wunderschöne weiße Primavera mit schwarzem Ledersitz, auf dem ich wie auf einem Wohnzimmersessel throne. Mit einem schnellen Fußtritt auf den Kickstarter setzt Jaime den Motor in Gang, der gleich laut knattert, und schon düsen wir mit der Vespa durch die Altstadt in Richtung Strand. Ich drücke mich fest an Jaime, um mich vor dem kalten Wind zu schützen. Aber als wir uns an der Strandpromenade auf einer Bank niederlassen, wärmen die Sonnenstrahlen uns so schnell, dass ich meine Daunenjacke bald ausziehen muss. Gemeinsam blicken wir auf das aufgewühlte Meer.

In der zweiten Januarwoche stelle ich mich zuerst in Marbella und dann in Málaga in den deutschen Redaktionen vor. Zuvor hatte ich mir die letzten beiden Ausgaben der Wochenzeitungen besorgt, inhaltlich unterscheiden sie sich kaum. Haufenweise Porträts deutscher Residenten, die an der Costa del Sol Vereine gründen, Karten spielen, das berufliche oder private Glück suchen, Geschichten über die deutschen Halbpromis, die sich bei luxuriösen Galaabenden vergnügen. Dazwischen ist Buntes aus den Ortschaften gestreut, in denen die deutschen Leser leben. Die beiden Chefredakteure wollen von mir wissen, ob ich wirklich Spanisch spreche, schreiben kann und ob ich hochmotiviert bin. Der letzte Punkt ist die größte Hürde, denn das Honorar, das die beiden für einen Artikel zahlen, entlohnt nicht einmal den Aufwand. Doch ich habe beschlossen, hier zu bleiben, also mache ich gute Miene zum bösen Spiel und gebe mein Bestes. Mir selbst sage ich, dass das nur ein kleines Zubrot sein soll zu meinen Aufträgen aus Deutschland und als Produktionsassistentin. Die Wochenzeitung in Málaga entpuppt sich schließlich als attraktiver, denn zu den wöchentlichen Redaktionskonferenzen kann ich zu Fuß laufen. Ich bekomme auch gleich den ersten Auftrag mit auf den Weg: Über Málagas Vorhaben, im Jahr 2016 Europäische Kulturhauptstadt zu werden, soll ich einen großen Artikel schreiben.

Doch bevor ich mich an die Recherche mache, stehen drei wichtige Dinge auf meiner To-do-Liste: Ich muss mich in Spanien selbstständig melden, um Rechnungen stellen zu können und um krankenversichert zu sein. Dann brauche ich dringend eine Internetverbindung zu Hause, und schließlich habe ich mir noch in den Kopf gesetzt, einen ähnlich hübschen Flitzer wie den von Jaime zu ergattern, um meine neue Stadt besser erkunden zu können.

Als ich am Abend nach meinem Vorstellungsmarathon Jaime meine Pläne offenbare, zeigt er sich vor allem gegenüber dem ersten Punkt auf meiner Liste überaus skeptisch. „Das ist doch viel zu teuer“, sagt er nur. „Zum Arzt kannst du auch so gehen, und die Steuerfahndung hat bestimmt anderes zu tun, als die Unterlagen von Geringverdienern zu durchforsten." Die Krankenversicherung kostet jeden Monat 250 Euro, zudem muss ich noch Gewinnsteuern abführen. Seine Argumente überzeugen mich aber trotzdem nicht. „Wenn ich in Spanien Rechnungen stellen will, muss ich doch selbstständig gemeldet sein? Und in die gesetzliche Krankenversicherung komme ich nur, wenn ich angestellt oder selbstständig gemeldet bin." „Dafür gibt es immer Lösungen", sagt Jaime verschwörerisch. „Ich habe Freunde im Krankenhaus, die behandeln dich auch ohne Versichertenkarte. Und wie gesagt, keiner wird sich um deine Rechnungen kümmern." Doch für mich ist die Sache klar, ich werde mich noch am nächsten Tag selbstständig melden.

Jaime gibt mir den Tipp, zur städtischen Berufsberatung zu gehen, die einem bei dem Schritt helfe. Tatsächlich hätte ich es auf dem Amt nicht besser treffen können. Die junge Frau, die sich als Beraterin Rocío vorstellt, hat gleich mehrere positive Überraschungen für mich parat. Weil ich jünger als dreißig und eine Frau bin, zahle ich in den ersten beiden Jahren nur 180 Euro Krankenversicherung und sieben Prozent Gewinnsteuer anstatt fünfzehn. Dann kann ich auch noch eine Subvention in Höhe von 6000 Euro beantragen, weil ich mich das erste Mal in Spanien selbstständig melde. Und schließlich finanziert mir die Stadt auch noch ein Jahr lang einen Steuerberater. „Für die beiden Subventionen musst du dich nur noch schnell arbeitslos melden", flötet Rocío. „Das ist die einzige Bedingung." Ich marschiere also zum Arbeitsamt, das nur ein paar Straßen weiter entfernt liegt. Anstandslos nimmt der Beamte meine Daten in seine Kartei auf und drückt mir dann eine kleine Karte in die Hand, die Tarjeta de Paro, die Arbeitslosenkarte. Mit dem Schatz rausche ich wieder zurück zu meiner Beraterin, die nur auf mich zu warten scheint. Denn in dem Büro ist gähnende Leere. Woher die ganzen Subventionen denn kämen, frage ich. Die Antwort weiß ich eigentlich schon. „Das sind alles europäische Fördergelder", sagt Rocío begeistert. Ich bin es auch. Da werde ich Jaime ganz schön verblüffen, wenn ich ihm von meinen Errungenschaften erzähle.

Voller Elan kaufe ich mir gleich einen ganzen Stapel Lokalzeitungen, um die Kleinanzeigen nach einer Vespa zu durchforsten. Mehrere Stellen kann ich mit meinem Marker anstreichen. „Wenn du dir die ansiehst, komme ich mit", sagt Jaime streng väterlich, als ich ihm die Liste mit den zum Verkauf gebotenen Vespas zeige. „Wenn sie dich sehen, verlangen sie bestimmt mehr", sagt er. Ich bin gekränkt. „Sehe ich etwa aus wie ein naives Weibchen?" „Das hat doch nichts mit dir zu tun. Ich trau nur den Verkäufern nicht über den Weg. Wenn die eine Ausländerin sehen, denken sie bestimmt, sie können mehr rausholen."

Einen Internetanschluss in meinem neuen Zuhause zu bekommen stellt sich als schwierigstes Unterfangen heraus. Denn zuallererst brauche ich einen Telefonanschluss beim spanischen Fast-Monopolisten Telefónica. Ich wähle also dessen Telefonnummer. Eine Computerstimme am anderen Ende der Leitung, die mein Spanisch partout nicht verstehen will, bringt mich fast zur Weißglut. „Abrir una linea! – Einen neuen Anschluss!", brülle ich verzweifelt in den Hörer, als die metallene Stimme zum zehnten Mal wiederholt: „Es tut mir leid, aber ich verstehe ihr Anliegen nicht, bitte wiederholen Sie es." Irgendwann hat Telefónica schließlich Erbarmen und der Computer verkündet, er werde mich jetzt mit einem echten Menschen verbinden. Bis es so weit ist, muss ich jedoch erst endlose Minuten in der Warteschleife verbringen. Der Mensch versteht mich zwar endlich, doch was er mir zu sagen hat, vermag mich nicht zuversichtlich zu stimmen. Frühestens in zwanzig Tagen könne er einen Techniker vorbeischicken, um den Telefonanschluss zu installieren. Als Jaime am Abend nach Hause kommt, bin ich noch immer völlig außer mir. Er erteilt mir eine Lektion in spanischem Großmut. „Da kannst du nichts machen. Du musst einfach abwarten." Auch in den nächsten Wochen muss ich also ins Internetcafé um die Ecke pilgern, um mit der Außenwelt in Kontakt zu treten.

Den nächsten Vormittag nimmt Jaime frei, um mich bei den drei Terminen zu begleiten, die ich mit den Vespa-Verkäufern ausgemacht habe. Ich komme kaum dazu, etwas zu sagen; das Einzige, was ich beurteilen kann, ist schließlich das Design. Die Vespa, die mir optisch am besten gefällt, streicht Jaime dann auch noch schnell von der Liste. Als der nicht enden wollende Vormittag doch vorbei ist, ist nur eine Kandidatin geblieben: eine dicke weinrote Vespa Elektrostart aus dem Jahr 1985. „Die springt auf Knopfdruck an, und der Motor ist einwandfrei." 500 Euro will der Verkäufer, die Ummeldung auf meinen Namen und die Behördengänge übernimmt er, was ich als einen besonderen Pluspunkt empfinde. Doch Jaime klärt mich auf, dass es in Spanien üblich ist, dass der Verkäufer den Papierkram übernimmt. In einer Woche kann ich meinen Roller abholen.

Am Nachmittag versuche ich jemanden im Rathaus zu erreichen, um einen Termin für das Interview zum Kulturhauptstadt-Projekt auszumachen. Doch meine Anrufe bleiben unbeantwortet. Anscheinend machen die Beamten früh Schluss. Am folgenden Tag klemme ich mich deshalb schon um neun Uhr ans Telefon. Und tatsächlich, nach mehreren Versuchen habe ich jemanden am Hörer. Eine Dame sagt mir, der Verantwortliche sei gerade zum Frühstücken gegangen. Ich traue meinen Ohren nicht, mitten am Vormittag, es ist es halb zehn Uhr, macht sich der Beamte aus dem Staub, um zu frühstücken. Wann der Herr denn wieder im Hause sei, frage ich. Das könne sie mir nicht sagen, zwitschert die Dame. Als ich eine halbe Stunde später noch mal anrufe, sagt sie, jetzt etwas ungehalten, der Herr sei immer noch nicht zurück. Sie bietet an, meine Nummer aufzuschreiben, damit er mich zurückrufen kann. Doch auch wenn ich den ganzen restlichen Vormittag mein Handy nicht aus den Augen lasse, klingelt es nur, als Jaime mich zum Mittagessen einlädt. „Verstehst du das?", frage ich ihn, als wir in einem kleinen Gasthaus sitzen, in dem zwei alte Damen Hausmannskost auf den Tisch zaubern. „Die müssten doch eigentlich Interesse daran haben, dass man über sie schreibt." „Ich glaube, der Verantwortliche ist einfach ziemlich faul – so wie die meisten Beamten. Am besten gehst du einfach direkt ins Rathaus und klopfst an seiner Tür."

Gesagt, getan. So schnell gebe ich nicht auf. Am nächsten Morgen um acht Uhr stehe ich an der Rezeption des Stadtarchivs, wo der Kulturstadtrat sein Büro hat. Gelangweilt sagt die Dame, es sei noch niemand da. Ich setze mich auf eine Bank und warte. Eine halbe Stunde später, die Zeitung, die ich mitgenommen habe, ist fast ausgelesen, kommt ein älterer, etwas rundlicher Herr hereingeschlurft. Die Empfangsdame flüstert ihm etwas zu, anscheinend geht es um mich, denn der Mann dreht sich zu mir um und mustert mich. „Kommen Sie mit", sagt er tonlos, und ich folge ihm zum Aufzug. „Sie schreiben also für eine deutsche Zeitung." Ich erkläre ihm, dass ich freiberuflich tätig bin, gerade erst in Málaga angekommen und eine Geschichte über das Projekt der Stadt, im Jahr 2016 Kulturhauptstadt zu werden, schreiben soll. Der ältere Herr ist nicht der Kulturdezernent, sondern der Beamte, der das Projekt in dessen Auftrag betreut. Er setzt sich hinter einen schweren Holzschreibtisch, faltet seine Hände zusammen und sieht mich über den oberen Brillenrand hinweg gelangweilt an. Nach einer Stunde habe ich das Gefühl, der Mann weiß gar nicht, wieso die Stadt Málaga das Zeug dazu haben soll, Kulturhauptstadt zu werden, und er hat auch keine Ahnung, wie er die Kandidatur vorbereiten soll. Bisher hat er nur ein paar Werbeplakate aufgestellt und das Logo des Projekts bei den üblichen Feierlichkeiten der Stadt sichtbar positioniert. An der Kandidatur arbeitet er ganz allein. Als ich mich verabschieden will, kommt er hinter dem Schreibtisch hervor, beugt sich vertraulich zu mir und fragt: „Könnten Sie uns nicht ein paar Berichte über die Projekte der Kulturhauptstädte der vergangenen Jahre schreiben?" Ich bin nicht sicher, wie ich das Angebot auffassen soll. Meint er etwa, ich sei bereit, aus reiner Liebe zu Málaga die Berichte zu schreiben? Oder will er mich dafür entlohnen? „Ja, sehr gern", sage ich deshalb. „Wie viele Berichte brauchen Sie und wie viel zahlen Sie pro Bericht?" Der rundliche Herr windet sich und sagt schließlich umständlich, er würde mich angemessen entlohnen. Das Angebot begeistert mich nicht, aber da ich noch lange nicht ausgelastet bin, sage ich zu. Zufrieden begleitet mich der Herr nach draußen. Zu der Empfangsdame sagt er im Vorbeigehen, er gehe jetzt frühstücken.

„Der hat bestimmt gedacht, du würdest das umsonst machen, um deine Chancen auf einen Posten im Rathaus zu erhöhen", sagt Jaime später, als ich ihm von der Episode erzähle. „Jeder in Andalusien ist scharf auf einen Beamtenjob. Du arbeitest fast nichts, verbringst den halben Vormittag beim Frühstücken, musst nie Überstunden machen, hast regelmäßig Urlaub und bekommst auch noch alle drei Jahre eine Gehaltserhöhung." Seine Beschreibung passt meinem Eindruck nach ziemlich gut auf den Sekretär des Kulturdezernenten. Bevor ich meinen vernichtenden Artikel über die Kandidatur der Stadt Málaga für den Titel der Kulturhauptstadt bei der deutschsprachigen Wochenzeitung vorlege, bringe ich dem Beamten drei Berichte über Städte, die Málaga als Vorbilder gelten können: Essen, Genua und Stavanger. Er ist wieder einmal nicht da, also hinterlasse ich die Berichte samt Rechnung der Sekretärin. Als ich ihr die

Unterlagen übergebe, sehe ich auf dem Bildschirm ihres Computers ein Solitaire-Spiel.

Umso mehr wundert es mich, als mich noch am gleichen Tag am Mittag der Herr aus dem Rathaus anruft, um sich bei mir zu bedanken. „Ich würde mich freuen, wenn wir auch in Zukunft zusammenarbeiteten", sagt er noch. Auch der Redaktion hat meine kritische Reportage gefallen, sie werden sie gleich auf den ersten beiden Seiten bringen, erklärt Nicole, die Chefin vom Dienst. Sie ist vor allem begeistert, dass ich den Artikel so schnell recherchiert und geschrieben hatte. „Normalerweise dauert es ewig, bis du einen Termin im Rathaus bekommst." Am nächsten Freitag ist wieder Redaktionskonferenz, sagt Nicole. Ich soll unbedingt neue Themenvorschläge mitbringen. Es sieht aus, als würde Málaga mich mit offenen Armen empfangen.

„Juan lädt uns zur Olivenernte auf seinem Grundstück in der Serranía de Ronda ein", begrüßt mich Jaime, als er am Freitagabend aus dem Büro kommt. Juan ist ein alter Schulfreund von Jaime, der aussieht wie ein spanischer John Lennon: Er trägt sein schwarzes Haar schulterlang, hat einen dicken Bart und eine Nickelbrille, arbeitet als Geograf und ist Mitglied der Umweltschutzgruppe Ecologistas en Acción. Bei deren radikalen Protestaktionen gegen neue Betonfluten ist Juan immer ganz vorn mit dabei. Überhaupt ist er für alle Aktionen und Projekte offen, die das etablierte System in Frage stellen. Ich sitze am Schreibtisch, eine dicke Decke liegt über meinen Beinen, darunter tobt mein kleiner Heizstrahler. „Ist es nicht viel zu kalt?", frage ich und massiere meine Finger, die von der feuchten Kälte ganz steif sind. „Bei der Ernte wird uns bestimmt schnell warm", sagt Jaime. Eigentlich finde ich den Gedanken, bei der Olivenernte zu helfen, sehr reizvoll, doch gerade sitzt die Kälte in meinen Knochen und mit ihr die Lethargie. Ich lasse mich deshalb von Jaimes Tatendrang mitreißen. Er packt einen Rucksack mit langer Unterhose, Jeans, Wollpullover und Windjacke, ich tue es ihm gleich.

Am nächsten Vormittag will Juan uns abholen. Er hat von seinen Eltern gerade ein Stück Land mit Olivenbäumen und einer kleinen Ruine in der Nähe des Dorfs Benalauría in der Serranía de Ronda bekommen. Seine Familie kommt ursprünglich aus dem Ort, ist aber vor Jahren nach Málaga ausgewandert. In Benalauría will er nicht nur zum Teilzeitbauern werden, sondern auch die Ruine in einen gemütlichen Rückzugsort verwandeln. „Die Serranía de Ronda hat mit der verbauten Küste nichts gemeinsam. Hier leben die Menschen in kleinen Dörfern noch so wie vor fünfzig Jahren. Die Berglandschaft ist mit Kork- und Steineichen und Kastanienbäumen überzogen, die Dörfer erreicht man oft nur über schmale und kurvige Straßen. Auch Benalauría ist nur über eine steile Serpentinenstraße mit der Außenwelt verbunden. In den Gassen sitzen die Alten vor ihren Häusern und die Katzen schlafen faul in der Sonne“, schwärmt Jaime, als wir am nächsten Morgen in Juans Auto sitzen. „Die Gegend ist wunderschön, aber es gibt auch eine Menge Probleme“, sagt Juan. „Die Landflucht macht der Region schwer zu schaffen. Die jungen Leute ziehen weg, weil sie keine Arbeit finden, nur die Alten bleiben zurück.

Aber ausgerechnet Benalauría scheint eine Lösung gefunden zu haben. Nur etwa zehn Prozent der arbeitenden Dorfbewohner verlassen die Gemeindegrenzen, und sogar Bewohner aus den Nachbarorten finden in Benalauría Arbeit. Das Dorf ist ein Gegenentwurf zum Exodus der andalusischen Landbevölkerung.“ „Und wie funktioniert das?“, frage ich ihn. Er holt weit aus. Wir erfahren, dass die Wende in Benalauría vor fast zwanzig Jahren stattfand. Damals fuhren auch dort noch fast alle Dorfbewohner an die Küste, um ihren Lebensunterhalt zu verdienen. Einige verließen

Benalauría auch ganz, um sich in der Stadt niederzulassen, dazu gehörten auch die Eltern von Juan. Die gleichen Gründe, die die Bewohner noch bis in die Achtzigerjahre in die Emigration nach Deutschland und Frankreich getrieben hatten, ließen sie jetzt an die Costa del Sol wandern. „Die Dörfer steckten in einer Depression. Die Menschen glaubten nicht daran, dass in ihrer Heimat eine Zukunft möglich sei“, beschreibt Juan seinen Eindruck von damals. „Da gründeten ein paar junge Menschen eine Genossenschaft. Sie wollten den Bewohnern eine Perspektive geben.“ Juan erklärt uns, dass ihnen das gelang, als Anfang der Neunziger die Subventionen für die Entwicklung im ländlichen Raum aus Europa kamen. Sobald die Gruppe von den Geldern aus Brüssel erfuhr, erarbeiteten sie in Windeseile ein Projekt und nannten es La Molienda, das Mahlen. Der Vorschlag unterschied sich zuerst nicht von dem anderer Dörfer, die EU-Subventionen bekommen wollten: Er sollte Touristen in die idyllische Sierra locken. Ein Heimatmuseum war der Aufhänger, Gästezimmer und ein Restaurant mit lokalen Spezialitäten die Anhängsel der Idee. Die Gruppe kaufte ein altes Haus, renovierte, schaffte traditionelle Werkzeuge und Maschinen herbei. Als alles fertig war, kam die Subvention aus Brüssel. Nicht nur die Ausgaben konnten damit bezahlt werden, es blieb sogar etwas übrig. Da eröffneten sie kurzerhand eine Fabrik, in der Konserven aus Produkten der Region hergestellt werden; Kastanienmarmelade ist der Star der Produktpalette. Später kamen weitere Genossenschaften dazu. Die Männer schreinern heute, die Frauen machen Trockenblumengestecke. „Das Projekt der Gruppe aus Benalauría war aus einem einzigen Grund besser als das der anderen Dörfer: Nicht der Profit, sondern der Mensch stand im Mittelpunkt der Idee. Das Ziel war, das Leben im Dorf wieder lebenswerter zu machen. Das Geld war dabei immer nur Mittel zum Zweck“, fährt Juan begeistert fort. „Seit

2000 wächst Benalauría wieder. Jährlich erwirtschaftet die 520-Seelen-Gemeinde etwa eineinhalb Millionen Euro, der Gewinn wird immer in neue Projekte gesteckt. Die Nachbargemeinden sind richtig neidisch auf Benalauría. Gästezimmer gibt es dort auch, aber kaum Arbeitsplätze."

Mittlerweile sind wir in der Serranía de Ronda angekommen. Die Gegend ist wirklich so schön, wie Jaime sie beschrieben hat. In Benalauría drängen sich die weißen, mit Kalk verputzten Häuschen an einen grünen Hang, den ein dichter Kastanien- und Korkeichenwald bedeckt. Davor erstreckt sich das weite Tal des Flusses Rio Genal, in der Ferne blitzen weitere kleine, weiße Ortschaften zwischen dem Grün auf. Wir folgen Juan durch die sauberen Gassen des Dorfs. Bis er die Ruine auf seinem Grundstück in ein kleines Haus verwandelt hat, kommt er bei seinen Aufenthalten in Benalauría bei einer amerikanischen Freundin unter, die im Ort wohnt.

„Barbara ist Künstlerin und sie faszinieren die alten Handwerkskünste der Gegend und Naturmaterialien", erzählt Juan von seiner Freundin, während wir die steilen Gassen hinabsteigen. „Hier hat sie den idealen Ort gefunden, denn die Leute sind gerade für Projekte, die alte Traditionen schätzen, sehr aufgeschlossen. Gerade heckt sie wieder etwas Neues aus." Juan bleibt vor einem Haus am Ortsrand stehen und klopft an einer niedrigen Holztür, die aussieht, als würde sie zu einem Viehunterstand aus dem vergangenen Jahrhundert führen. Tatsächlich wohnt Barbara in einem ehemaligen Stall, den die Besitzer in eine Einliegerwohnung verwandelt haben, klärt Juan uns auf. Es dauert eine Weile, bis sich im Inneren etwas rührt, doch dann steht plötzlich eine etwa sechzigjährige Frau mit pflaumenfarbenem Haar in der Tür. In einwandfreiem Spanisch heißt sie uns willkommen und bittet uns, allen hiesigen Gepflogenheiten zum Trotz, die Schuhe auszuziehen. Sie drückt uns dicke handgestrickte Socken in die Hände. Die Decken im Inneren des früheren Stalls sind niedrig, doch dafür ist der Raum umso gemütlicher. Der Boden ist wie die Wände weiß gekalkt, überall liegen große Sitzkissen, kleine marokkanische Lampen sorgen für indirektes Licht. In einer Ecke ist ein Kamin untergebracht. „Ihr müsst auf dem Boden schlafen", warnt uns Barbara, während sie Kräutertee aufbrüht. „Platz für Gästebetten habe ich leider nicht." Wir versichern ihr schnell, dass das für uns in Ordnung ist. Wir lassen uns auf den Sitzkissen nieder, Barbara hantiert mit dem alten Gasofen und schnuppert nebenbei an Dosen, um die richtige Kräutermischung zu finden.

Juan ist schon mit den Vorbereitungen für die Olivenernte am nächsten Tag beschäftigt. „Hilfst du uns auch?", fragt er Barbara. „Leider kann ich nicht. Ich habe gerade unglaublich viel zu tun", erklärt sie energisch. „Am Montag endet die Antragsfrist für eine Subvention, und bis dahin muss ich mein neues Projekt zu Papier gebracht haben." „Um was geht es?", frage ich sofort. „Ich will ein Inventar aller Künstler und Kunsthandwerker erarbeiten, die hier in Andalusien leben und arbeiten, und das Ergebnis im Internet als interaktive Landkarte darstellen. Es soll eine bunte Mischung der einheimischen und ausländischen Künstler sein, die sich hier niedergelassen haben." „Sind unter den Ausländern, die hier arbeiten, viele Künstler?" „Es gibt eine Menge Leute, die echt tolle Sachen machen. In Gaucín, einem Nachbarort, veranstalten zum Beispiel Künstler gemeinsam Ateliertage. Dort gibt es einen über achtzigjährigen Amerikaner, der kleine Bronzeskulpturen macht, einen deutschen Kunsthochschulprofessor, dessen Spezialität düstere Gemälde und Skulpturen sind, und eine Japanerin, die surrealistische Traumlandschaften malt." Meine Neugier ist geweckt. Ich höre genau hin und frage gezielt nach, und als ich ihr von meiner Arbeitssituation erzähle, schlägt sie mir vor, ihr dabei zu helfen, die Künstler zu interviewen – wenn sie die Subvention bekommt.

Am Abend sitzen wir auf den Kissen vor dem Kamin, trinken Rotwein, und Barbara erzählt von ihrem Leben in Spanien. Sie kam vor vierzig Jahren als frisch gebackene Studentin mit ihrem Freund nach Málaga, die beiden waren auf der Flucht vor seinem Einzug in den Vietnamkrieg. Er kehrte schließlich in die USA zurück und zog in den Krieg. Enttäuscht von seiner Entscheidung und von ihrem Heimatland, blieb Barbara allein in Spanien zurück. Andalusien hat sie seitdem nie mehr verlassen, sie heiratete, bekam zwei Kinder und arbeitete als Englischlehrerein. „Aber auch wenn ich fast mein ganzes Leben hier verbracht habe, bin ich immer die Guiri, die Ausländerin, geblieben", sagt sie. „Gerade hier, seit ich hier im Dorf lebe, merke ich wieder, dass ich eigentlich nicht dazugehöre. Mittlerweile habe ich mich daran gewöhnt. Ich beobachte dafür alles umso genauer." Barbara strahlt eine Stärke und Kompromisslosigkeit aus, die mich fasziniert. Beschwingt gehe ich schlafen, ich freue mich auf die Olivenernte, darauf, die Gegend genauer zu erkunden, und darauf, bald mit Barbara zusammenzuarbeiten und Künstler zu interviewen, die sich hierher zurückgezogen haben. Die Serranía de Ronda habe ich gleich zu einem meiner Lieblingsorte in Andalusien erklärt, schon nach einem Tag hat sie meine Batterien aufgeladen.

Als ich am nächsten Morgen aufwache, ist es bereits halb zehn. Ich rüttele Jaime etwas unsanft aus dem Schlaf. „Es ist schon spät." „Na und?", sagt er mürrisch. „Es ist doch Samstag." „Ja, aber die Olivenernte...", murmle ich. „Die läuft uns doch nicht davon." Jaime dreht sich einfach um und schläft weiter. Aus der Küche zieht bereits Kaffeeduft und an Einschlafen ist nicht mehr zu denken. „Buenos días! – Guten Morgen!" Barbara bereitet in der Küche gerade das Frühstück zu. Wie eine echte Andalusierin hat sie der Flasche Olivenöl den Königsplatz auf dem Tisch eingeräumt. Auch Juan schlummert anscheinend noch. „Und ich war schon ganz aufgeregt, dass die Olivenernte ohne mich anfängt", sage ich. „Hier ticken die Uhren anders. Da gewöhnst du dich bestimmt schneller dran, als dir lieb ist", antwortet Barbara und lacht.

Nach einem ausgedehnten Frühstück brechen wir endlich auf. Es ist bereits zwölf. Eine Ernte hatte ich mir anstrengender vorgestellt. Wir lassen die letzten Häuser von Benalauría hinter uns und laufen auf einem schmalen Pfad vorbei an kleinen Bauernhäusern und riesigen Kastanienbäumen. Es duftet nach Rosmarin und Thymian. Nach einer Viertelstunde hält Juan vor einem Gatter, das sich als ausgedienter Bettenrost entpuppt. Hinter ein paar Eukalyptusbäumen versteckt sich die Ruine. „Das war doch höchstens mal ein Viehunterstand, oder?", fragt Jaime, als er den Steinhaufen sieht. Tatsächlich ist die Ruine, die Juan in seinen Rückzugsort verwandeln will, höchstens zehn Quadratmeter groß. „Da muss ja nur ein Bett, ein Tischchen und eine kleine Küchenzeile reinpassen", sagt er optimistisch. Das dazugehörige Grundstück erstreckt sich steil auf einem Hang, der zu einem kleinen Bach hin abfällt. Dort verteilen sich die Olivenbäume, die wir gleich ernten sollen. Juan zieht drei Körbe hinter den Steinen seiner Ruine hervor und erklärt uns: „Ich will die Bäume nicht schütteln, so wie es die Bauern normalerweise machen. Das ist nicht gut für die Oliven, deshalb werden wir sie direkt vom Ast pflücken." Er teilt jedem einen Abschnitt zu, meiner liegt ganz unten am Bach.

Es wird doch noch anstrengend. Durch Dornensträucher schlage ich meinen Weg zu den Bäumen am Bach, mehrmals stolpere ich. Angekommen sehe ich mir völlig außer Atem mein Feld an. Brombeersträucher ranken zwischen den kleinen Bäumchen, die Juan nicht schütteln will. „Kein

Wunder", denke ich. „Da würde sie ja auch keiner mehr finden." Ich mache mich an die Arbeit. Nach einer Stunde ist gerade mal der Boden meines Korbs bedeckt. Nach einer weiteren sieht der Korb kaum voller aus. „Vamos a comer – Lasst uns was essen!", schreit Juan von oben. Niedergeschlagen nehme ich den Anstieg in Angriff. Doch beim Blick in die Körbe meiner Mitstreiter hellt sich mein Gemüt wieder auf. Viel mehr Oliven kann ich auch dort nicht entdecken. „Ob das viel Öl gibt?", frage ich zaghaft. Auch Juan sieht jetzt zweifelnd das Ergebnis unserer bisherigen Ernte an. „Vielleicht sollten wir die Bäume doch schütteln? Aber lasst uns erst einmal was essen."

Er packt Bauernbrot, Olivenöl und einen Kartoffelsalat a la malagueña aus seinem Rucksack. „Den hat meine Mama gemacht", sagt er stolz. Ich verdrehe die Augen und Jaime lacht. Mittlerweile weiß er genau, wie ich über die Unfähigkeit der Männer im Haushalt denke. Aber zugegebenermaßen ist der Salat von Juans Mutter köstlich. Nach dem Mahl müssen wir uns natürlich erst ausruhen, bevor wir unsere Tätigkeit wieder aufnehmen können. Die Mittagspause ist ausnahmslos allen Andalusiern heilig.

Als wir wieder zu unseren Bäumen klettern, ist es bereits vier Uhr Nachmittag. Knappe zwei Stunden später dämmert es und Juan ruft uns zum Abmarsch. Die Olivenausbeute ist in der kurzen Zeit leider nicht viel größer geworden. „Das macht nichts." Juans Optimismus ist wieder zurück. „An den nächsten Wochenenden komme ich noch mal mit ein paar Freunden. Außerdem will ich schließlich keine Olivenölfabrik eröffnen, sondern nur ein paar Fläschchen mit meinem eigenen Öl haben." Die Oliven will Juan zu einer kleinen Mühle in Benalgabón, östlich von Málaga, bringen, die einem Freund gehört. „Die Anlage hat er von seinem Großvater übernommen, sie funktioniert noch so wie vor fast hundert Jahren. Außerdem mahlt er nur Oliven, die aus ökologischem Anbau kommen." Juan verspricht, jedem ein kleines Fläschchen des Öls abzugeben, wenn es so weit ist.

Am Abend machen wir uns auf den Heimweg. „In Ronda ist gerade der Teufel los", erzählt Juan, als wir die Stadt passieren. „Umweltschützer und Fortschrittsanhänger liefern sich dort eine große Schlacht." Er erzählt, wie eine Luxusrennbahn für Hobbyraser in der Hochebene die ersten Großinvestoren und damit den Zwist in die Serranía brachte. Wann immer er kann, ist Juan bei den Demonstrationen mit von der Partie, die Ecologistas en Acción sind wieder die treibende Kraft. „Ein holländischer Millionär hat sich genau hier seinen Kindheitstraum erfüllt und eine Rennbahn für Hobbyraser gebaut. Da kann man leider nichts mehr dagegen machen. Jetzt gehen wir gegen ein neues Projekt auf die Straße. Auf einem riesigen Gebiet, das unmittelbar an das Naturschutzgebiet Sierra de las Nieves grenzt, haben spanische Bauherren nämlich die Spaten angesetzt für achthundert Einfamilienhäuser, zwei Golfplätze und ein Luxushotel." Etwa zehn Kilometer von Ronda entfernt passieren wir die Stelle, an der der Eichenwald gelichtet ist und mehrere Bulldozer stehen. „Diese Tourismusprojekte verursachen irreparable Schäden in der Landschaft", sagt Juan. „Und wer findet diese Bauten dann gut?", fragt Jaime. „Der Bürgermeister und seine Anhänger sprechen von einem Impuls, der Ronda in das 21. Jahrhundert katapultieren und soziale, wirtschaftliche und arbeitstechnische Verbesserungen bringen soll. Sie sagen, von Steinen allein werden wir nicht satt." Juan macht eine Pause, fährt sich nervös durchs Haar, rückt seine Brille gerade. „Bevor die Politiker so etwas sagen, sollten sie sich mal ein Beispiel an Benalauría nehmen", fährt er dann fort. Sein Ton ist jetzt ärgerlich. „Dort haben sie die Landflucht auch mit nachhaltigen Projekten aufgehalten, die nicht der Umwelt schaden."

Dann fügt er mit einem versöhnlichen Lächeln an: „Vielleicht schafft Veronica ja bald mit dem Projekt von Barbara ein alternatives Angebot zum Golftourismus, das auch die Fortschrittsanhänger überzeugt …“

Februar

Der Stier im Korkeichenwald

Málaga ist ganz anders als Granada. Die Stadt ist nicht niedlich wie die für Urlauber herausgeputzte Nachbarin und auch nicht von Studenten bevölkert. Sie ist schmutzig und laut, Bettler und Drogensüchtige gehören zum Straßenbild. Dennoch oder gerade deshalb beginne ich die Stadt zu lieben, das ehrliche und raue Ambiente gefällt mir. Das Einzige, was mir noch zu schaffen macht, sind die Baustellen, die an jeder Ecke aus dem Boden sprießen. Nicht etwa wegen des Staubs oder des Lärms der Presslufthämmer. Es sind die Bauarbeiter, die mich aus der Fassung bringen.

„Rubia – Blonde!", schreien sie mir schon aus hundert Meter Entfernung entgegen. Sie scheinen farbenblind zu sein, denn ich bin nicht blond, meine Haare sind vielmehr kastanienbraun. Doch alles, was nicht schwarzhaarig ist, nennen die andalusischen Bauarbeiter blond; sie vergessen ihre Werkzeuge und glotzen hinterher, bis der vermeintliche Blondschopf aus dem Blickfeld verschwunden ist. Selbst hinter blickdichten Bauzäunen raunzt es immer wieder „Rubia", wenn ich unbedarft vorbeispaziere. Nachdem ich das erste Mal mit diesen zweifelhaften Komplimenten überschüttet worden war, überlegte ich mir ein paar Sprüche, „Guapos – Hübsche!" wollte ich flapsig kontern oder kratzbürstig „Feos – Hässliche!". Aber sobald die Rubia-Rufe ertönen, ist mein Gehirn wie leergefegt. Um jede Baustelle versuche ich mittlerweile einen großen Bogen zu machen.

Auch deshalb sehne ich die Ankunft meiner Mutter herbei, mit der ich ein paar Tage zum Wandern fahren will, weit weg von allen Baustellen. Außerdem freue ich mich sehr, endlich jemanden aus meiner deutschen Heimat in Andalusien begrüßen zu können. Für unseren Ausflug habe ich den Naturpark Sierra Aracena gewählt, der in der Sierra Morena im Nordwesten von Andalusien liegt. Die Berge sind dort zwar flach, Klettersteige sucht man vergeblich, aber dafür ist man ganz ungestört, das Wandergebiet ist unbekannt und die Landschaft wunderschön. Kilometerweit erstrecken sich Korkeichenwälder, in denen die Iberischen Schwarzfußschweine weiden, in den kleinen Ortschaften bekommt man den köstlichsten Pata-Negra-Schinken von ganz Spanien serviert und die andalusischen Kampfstiere toben sie sich hier aus, bevor sie zum letzten Kampf in die Arena geschickt werden.

„Mama, das ist Jaime." Direkt vom Flughafen bin ich mit meiner Mutter in ein spanisches Restaurant in Málaga gefahren, wo Jaime schon auf uns wartet. Mein Freund hatte darauf bestanden, uns zum Essen einzuladen, bevor wir in Richtung Berge aufbrechen. Seine Locken fallen bis weit über die Schultern, sein Gesicht ist auch jetzt im Winter sonnengebräunt. Meine Mutter raunzt mir zu: „Da hast du dir aber einen echten Don Juan geangelt." Jaime springt auf, als er uns sieht, begrüßt meine Mutter mit zwei Küsschen, eins auf jede Wange, und rückt ihren Stuhl zurecht. Kaum sitzen wir am Tisch, beginnen die beiden eine angeregte Unterhaltung – über mich. Die beiden tauschen zwar manchmal ein paar Sätze auf Englisch aus, aber für die meisten Dinge muss ich als Übersetzerin herhalten – und die beiden haben sich eine Menge zu erzählen. Mein Teller bleibt fast unangetastet. Beim Flan, eine Art spanischer Eierpudding, sagt meine Mutter ganz zufrieden zu mir: „Da weiß ich, dass du in guten Händen bist." Ich grinse nur und beschließe, meinen Job als Übersetzerin für heute an den

Nagel zu hängen. Jaime blickt mich zwar erwartungsvoll an, auch dieses Detail der Unterhaltung will er nicht verpassen. Doch ich widme meine Aufmerksamkeit jetzt ganz dem Pudding.

Eine halbe Stunde später sitzen meine Mutter und ich schon in meinem VW-Bus und fahren in Richtung Sevilla. Jaime habe ich gerade noch davon überzeugen können, dass ich keine Siesta brauche, bevor ich die Fahrt auf mich nehme. Er war drauf und dran gewesen, mir den Mittagsschlaf zu verordnen. „Jaime ist wirklich sehr sympathisch, und man merkt richtig, wie sehr er dich mag", schwärmt meine Mutter noch, als wir schon im Verkehrschaos der andalusischen Hauptstadt versinken. Und als das Gebirge Sierra Aracena jetzt vor uns auftaucht, sagt sie begeistert: „Ich kann gut nachvollziehen, dass es dich hierher zieht."

Der Himmel ist strahlend blau, die Sonne wärmt auch jetzt am späten Februarnachmittag noch so sehr wie in Deutschland im Hochsommer. Wie kalt es werden kann, sobald die Nacht hereinbricht und die Zentralheizung fehlt, verschweige ich meiner Mutter mutwillig. Unser erstes Etappenziel heißt Fuenteheridos, ein kleines Dorf, etwas abseits der Nationalstraße, die quer durch das Gebirge in Richtung Portugal führt. Auf Reiseführer und Reservierung habe ich verzichtet, nur einen Wanderführer habe ich im Gepäck. Deshalb steuern wir auf eine Bar am Dorfplatz zu, um uns über die Unterkünfte vor Ort zu informieren. Ich bestelle zwei Gläser frisch gepressten Orangensaft. „¿Hay un hostal en el pueblo? – Gibt es eine Pension im Ort?", frage ich den Wirt, einen rundlichen, kleinen Mann, als er den Saft vor uns hinstellt. „Pensionen gibt es nicht, aber Apartments. Ich habe selber ein wunderschönes." Eine Küche brauchen wir zwar nicht, nach den Touren wollen wir in ein Gasthaus einfallen und nicht den Kochlöffel schwingen. Doch der Wirt überzeugt mich wortgewandt von seinem Angebot, Einwände lässt er nicht zu. Es scheint fast, als gehörten wir zu den ersten Gästen in diesem Winter, er will uns in keinem Fall entwischen lassen. Er gibt dem Kellner ein paar Anweisungen in breitem Andalusisch und führt uns kurzerhand durch die kopfsteingepflasterten Gassen zu einem alten Häuschen, dessen Holztür er mit einem riesigen Eisenschlüssel öffnet. So alt und traditionell das Haus von außen aussieht, so modern ist es innen ausgebaut. „Gibt es Heizkörper und warmes Wasser?", frage ich dennoch vorsichtshalber. Meiner Mutter will ich die Begegnung mit der andalusischen Kälte ersparen. „¡Claro que sí! Natürlich!", sagt er und betätigt einen Schalter, der die Heizung in Gang setzt. Nachdem er uns alle Vorzüge seines Apartments ausführlich erklärt hat, schickt er sich endlich zum Gehen an. Bevor er die Tür hinter sich schließt, versäumt er nicht uns mitzuteilen, dass es bei ihm im Gasthaus köstliche Wildgerichte gibt.

Kurz nach ihm verlassen wir das Haus, um uns den Ort anzusehen und die übrigen Einkehrmöglichkeiten zu testen. Tatsächlich ist Fuenteheridos ein ziemlich überschaubares Nest, wir finden nur noch ein paar Bars, in denen die Dorfältesten Domino und Karten spielen, eine Zigarette an der anderen anstecken und weiße Getränke in kleinen Gläsern schlürfen. Wir folgen deshalb dem Rat unseres Gastgebers, kehren in seine Bar ein und bestellen Wildschwein und Reh, dazu einen halben Liter offenen Rotwein. „Köstlich!" Meine Mutter ist von unserem ersten Abendessen in der Sierra Morena begeistert. Das Fleisch ist ganz zartgekocht. „Ich glaube, ich werde kugelrund zurück nach Deutschland fliegen", sagt sie, während wir als Nachtisch eine Portion Milchreis verzehren. „Mit den Wanderungen sorgen wir schon dafür, dass nichts auf den Hüften bleibt", wende ich ein.

Die Vögel zwitschern laut, die Luft ist frisch. Die aufsteigende Wintersonne zaubert dicke Tautropfen auf Blätter und Gräser. Nach einem üppigen andalusischen Frühstück – vielleicht hat meine Mutter mit ihren Kugelprognosen doch recht – sind wir in aller Früh zum Wandern aufgebrochen. Unser Pfad schlängelt sich durch dichte Wälder; alte mit Moos bewachsene Trockensteinmauern, die weitläufige Grundstücke begrenzen, begleiten uns auf beiden Seiten. Hinter niedrigen Mauern wachsen Kastanienbäume und Korkeichen, so weit das Auge reicht. Immer wieder suhlen sich zwischen den Bäumen Schwarzfußschweine im Schlamm. Unser Ziel ist heute das Dorf Linares de la Sierra. Als wir die engen, gepflasterten Gassen der abgelegenen Ortschaft betreten, sind wir beide begeistert. Die Bewohner haben ihre winzigen Holzbalkone mit bunten Blumen verziert, die schmalen Häuser sind in Pastellfarben gestrichen. In den Straßen ist kaum etwas los, nur ein paar ältere Männer dösen auf Holzbänken in der Sonne. Der Höhepunkt des Dorfs ist der alte Waschplatz. An dem kreisrunden Brunnen, der fast den ganzen Dorfplatz einnimmt, sind steinerne Waschbretter eingearbeitet. „Da haben sich früher bestimmt die Dorffrauen getroffen, gemeinsam die Wäsche gewaschen und sich dabei über den neuesten Klatsch ausgetauscht", sagt meine Mutter. Auf einer Bank genießen wir die wärmenden Sonnenstrahlen und die Ruhe.

Der Ort ist nur über eine schmale Bergstraße mit der Außenwelt verbunden, für Autos sind die Gassen zu schmal. „Wahrscheinlich gibt es hier gar keine jungen Leute mehr", überlege ich. „Was könnten sie hier auch arbeiten?" Die Dörfer der Gegend erleben bestimmt das gleiche Schicksal wie die in der Serranía de Ronda; die junge Generation wandert aus. „Der Tourismus ist bestimmt der einzige Ausweg. Deshalb hat uns der Wirt gestern auch nicht mehr losgelassen", sagt meine Mutter. Wir packen unsere Brotzeit aus, Ziegenkäse, Schinken aus dem Nachbarort Jabugo, angeblich der beste in ganz Spanien, und Bauernbrot. Nachdem wir alles vertilgt haben, tun wir es den Dorfbewohnern gleich und dösen noch ein bisschen in der Sonne.

Auf dem Rückweg nach Fuenteheridos – jeder hängt gerade seinen Gedanken nach – hält meine Mutter plötzlich an. „Schau mal da", flüstert sie ehrfürchtig. Hinter einer Trockenmauer steht in etwa drei Meter Entfernung ein riesiger schwarzer Stier und blickt uns direkt an. Seine beiden perfekt geschwungenen Hörner sind genau auf uns gerichtet. Wie hypnotisiert bleiben wir stehen. „Keine Angst, der ist ganz friedlich. Er schnaubt nicht und scharrt nicht mit seinen Hufen auf dem Boden", flüstere ich nach ein paar Sekunden. Doch vorsichtshalber lasse ich den Stier nicht aus den Augen. „Das kann sich aber ändern, und das Mäuerchen ist ihm dann bestimmt nicht im Weg", murmelt meine Mutter. „Du trägst auch noch Rot!" Tatsächlich, ich habe ein knallrotes T-Shirt an. „Ich glaube, die Farbe ist dem Stier ziemlich egal, er reagiert nur auf die Bewegung. Das rote Tuch schüttelt der Torero in der Arena ständig, um den Stier zu reizen", sage ich, immer noch leise, um meine Mutter zu beruhigen. Nach einer kleinen Ewigkeit scheint unser Anblick den Stier zu langweilen, denn er wendet sich einfach ab und trabt durch den Korkeichenwald davon.

Gerade wollen auch wir uns in Bewegung setzen, da taucht ein Mann hinter der Mauer auf, nicht weit von der Stelle entfernt, wo eben noch der Stier stand. Er sammelt ein paar Eicheln vom Boden auf. „Buenas tardes", sage ich so laut, dass er mich hören muss. „Gehört der Stier Ihnen?" „Ojalá – Schön wär's. Ich bin nur der Stalljunge." Und nach einer kurzen Pause fügt er an: „Das ist ein echtes Prachtexemplar." Das Gesicht des hochgewachsenen, schmalen Manns ist wettergegerbt, er trägt eine speckige Baskenmütze und abgetragene Jeans. Wir geraten ins Plaudern, und er erzählt uns, dass er seit dreiunddreißig Jahren auf dem Gutshof einer Stierzüchterfamilie arbeitet und sich jeden

Tag um die Stiere kümmert. „Ich arbeite als freie Journalistin in Málaga, die Stierzucht interessiert mich brennend. Meinen Sie, dass es möglich wäre, die Finca zu besuchen?" Auch wenn meine Mutter kaum Spanisch kann, versteht sie, auf was ich hinauswill. Sie nickt heftig zu jedem meiner Sätze. Die Idee, die Kampfstieraufzucht aus nächster Nähe zu sehen, findet sie anscheinend auch spannend. „Wieso nicht? Ich spreche mal mit la Jefa – der Chefin. Ruft mich morgen Vormittag an." Er diktiert mir seine Telefonnummer und stellt sich als Pablo – „el que habla con los toros – der Stiereflüsterer" – vor. Das klingt draufgängerischer, als der Mann auf den ersten Blick wirkt. Unser Interesse hat er nur gesteigert.

Pablo steht neben einem Kampfstier am Futtertrog, in einer Hand hält er einen Sack mit Futter, in der anderen eine Kelle, mit der er das Kraftfutter in den Trog schaufelt. Der Stier ist schwarz und riesig. Furchteinflößend sieht das Tier jedoch nicht aus. Vielmehr schaut es erwartungsvoll und ruhig in Richtung Pablo. Anscheinend haben wir es wirklich mit einem Stiereflüsterer zu tun. Seine Jefa sei von der Idee begeistert, dass ich einen Artikel über die Stierzucht schreiben will, sagte Pablo, als ich ihn am Vormittag anrief. Eine halbe Stunde später standen meine Mutter und ich schon auf dem Hof. Die Frau des Züchters, die Pablo nur „La Jefa – die Chefin" nennt, nahm uns in Empfang und reichte uns mit den Worten „Pablo zeigt euch alles, er kennt sich mit den Stieren am besten aus" an den Stalljungen weiter. Jetzt sitzen wir in einem alten, verrosteten Jeep, während Pablo vor unseren Augen die Stiere füttert. „Normalerweise besuche ich meine Stiere zu Fuß, aber weil sie euch nicht kennen, ist es besser, ihr seid geschützt im Wagen." Er trägt wie am Vortag Baskenmütze und speckige Jeans. Mit der flachen Hand streichelt er den breiten Hals des Stiers, als der sich über den Trog beugt. „Jeden Tag bin ich mit ihnen zusammen, von sieben Uhr morgens bis zum Sonnenuntergang."

Als wir in dem klapprigen Gefährt durch den Morast der Finca holpern, erzählt uns Pablo, wie alles begann. Mit fünfzehn fing er als Stalljunge bei der Stierzüchterfamilie an, schon damals verbrachte er fast jeden Tag mit den Toros. Heute ist er der Verwalter der Fincas der Familie, nur manchmal hat er sonntags frei, gerade arbeitet er seit zwei Monaten ohne Unterbrechung. Pablo erzählt mit so viel Begeisterung von seiner Arbeit, dass man den Eindruck gewinnt, er würde die freie Zeit gar nicht missen. „Die Ferias in ganz Spanien beginnen bald und damit auch die Stierkampfsaison. Deshalb müssen die Kampfstiere jetzt besonders gepflegt werden. Wir haben rund vierhundert Hektar Land, auf denen mehr als fünfhundert Kampfstiere leben. Aber nur diejenigen, die jetzt etwa vier Jahre alt sind, werden in der kommenden Saison kämpfen. Das sind etwa hundert Stiere", erzählt Pablo, ganz als wäre er der eigentliche Besitzer der Stierzucht. Wir erfahren, dass die übrigen Stiere noch zu jung sind, um dem Torero gegenüberzutreten, und ein paar sind für den Ring auch schon zu alt. Das sind die Väter der künftigen Generationen. Pablo erklärt uns, dass auf jeder der vier Fincas der Familie Stiere verschiedener Altersstufen leben, bei Linares de la Sierra sind die Stiere untergebracht, die in der kommenden oder laufenden Saison in die Arena müssen. Meine Mutter und ich blicken uns an, unsere Bedenken angesichts des riesigen Stiers im Wald waren also doch nicht ganz fehl am Platz. Aber Pablo beruhigt uns gleich. „Auf Menschen haben es die Stiere nur abgesehen, wenn man sie angreift."

Jetzt im Winter kommen aus ganz Spanien die Organisatoren der Stierkämpfe, um die besten Exemplare für die kommenden Ferias auszusuchen. Diese Arbeit scheint

Pablo am wenigsten zu gefallen. Sein sonst so fröhlicher Gesichtsausdruck wird plötzlich ernst. „Ich stelle dann Gruppen von sechs Stieren zusammen, so viele müssen bei einer Corrida de Toros in den Ring. Wir können die Käufer nicht unter allen hundert Stieren aussuchen lassen, sonst würden alle die gleichen, nämlich die besten Exemplare auswählen." Wie man den besten Stier erkennt, kann Pablo uns aber nur schlecht erklären. Manchmal zeigt er beim Vorbeifahren auf einen und sagt: „Schaut euch den an! Ist der nicht prächtig?" Für uns sehen die Toros hingegen alle gleich groß und schwarz aus.

Plötzlich bremst Pablo scharf. Zwei Stiere stehen sich nicht weit von uns entfernt gegenüber, sie scharren mit den Vorderhufen im Gras, ihre Köpfe sind gesenkt. Pablo hängt sich aus dem Fenster, öffnet den Mund und stößt tiefe kehlige Laute aus, die nicht von einem Menschen zu stammen scheinen. Es dauert nicht lange, da hat er die Aufmerksamkeit der Tiere auf sich gezogen, die beiden Streithähne scheinen das Interesse aneinander verloren zu haben. „Stiere sind wie wir Männer, sie benehmen sich wie stolze Gockel", erklärt uns Pablo später, als wir schon wieder Fahrt aufgenommen haben. „Derjenige, der am meisten angibt, ist den anderen ein Dorn im Auge. Da kann es zu Kämpfen kommen, die tödlich enden. Wenn sich nur zwei in die Haare kriegen, muss ich mich aber meist nur auf dem Pferd nähern und schon ist es vorbei. Kritisch wird es, wenn es mehrere auf einen abgesehen haben. Dann muss ich richtig dazwischengehen. Meine Aufgabe besteht jetzt während der Wintermonate neben der Fütterung vor allem darin, die Stiere lebend in die nächste Saison zu bringen." Meine Mutter will wissen, ob Pablo einen Lieblingsstier hat. „Es gab mal einen, der hat mir aus der Hand gefressen, wie ein Hund. Auf ihm konnte ich sogar reiten, abgeworfen hat er mich nie", erzählt Pablo. „Als er in die Arena musste, war ich richtig traurig." Kurz wird er melancholisch, doch dann fügt er schnell hinzu: „Aber das ist eben ihre Bestimmung."

Während wir über schmale Feldwege zur nächsten Finca tuckern – am Wegrand begleiten uns wieder Trockensteinmauern –, erzählt uns Pablo, dass die Anreise und die Versorgung der Tiere bis kurz vor dem Kampf der Züchter übernimmt. Einer von der Finca muss mit den Stieren immer bis zur Arena reisen und beim Kampf anwesend sein. „Oft muss ich dann auch mit. Stierkämpfe mag ich eigentlich sehr gern, aber wenn meine Stiere dabei sind, kann ich das Spektakel einfach nicht genießen."

Mittlerweile sind wir auf der Finca angekommen, wo die Zuchtbullen leben. „Das sind die Auserwählten", sagt Pablo und springt aus dem Jeep. Auf einer grünen Wiese grasen friedlich eine Handvoll betagter Kampfstiere. Als auch wir aussteigen wollen, schüttelt er wild den Kopf. „Die alten Stiere sind die aggressivsten von allen. Ihnen bleibt die Arena erspart, weil sie die nächsten Generationen von Kampfstieren erzeugen sollen." Pablo erzählt, dass auch diejenigen, die vom Publikum wegen ihres todesmutigen Kampfes begnadigt werden, auf die Weide zurückkehren dürfen, wo sie aufgewachsen sind. Unter den zwanzig Stieren ist aber nur einer dabei, der die Arena kennengelernt hat. „Zwölf Jahre ist das schon her. Es macht mich richtig wütend, wenn das Publikum die Stiere, die es sich verdient haben, nicht begnadigt. In letzter Zeit passiert das leider überhaupt nicht mehr. Im Publikum sitzen immer mehr Laien, die wollen immer das Ende des Stiers sehen." Pablo seufzt. Er selbst, sagt er, schaue beim Ende des Kampfs fast immer weg.

Der Stiereflüsterer ist auch dabei, wenn jedes Jahr im Januar die Kühe in den Ring müssen. Denn nicht nur die Stiere, so erfahren wir, sondern auch die Kühe müssen ihre Aggressivität unter Beweis stellen, um die nächste Generation der Kampfstiere gebären zu dürfen. „Jedes Jahr stehen etwa hundert Kühe zur Auswahl. Sie müssen auch gegen einen Torero kämpfen. Dieses Jahr war eine dabei, die ist beim Anblick des Stierkämpfers glatt über die Absperrung der Arena gesprungen und davongelaufen", erzählt Pablo und lacht. „So was habe ich noch nie erlebt. Die wurde dann natürlich gleich weiter zum Metzger geschickt." Meiner Mutter und ich sehen uns entsetzt an, aber Pablo entgeht unser Unbehagen. Er lenkt den Jeep schon wieder durch den Morast.

„Hat dich schon mal ein Stier verletzt?", frage ich. Er überlegt lange. „Nur bei einem der Probekämpfe mit den Mutterstieren habe ich mich mal verletzt. Ich wollte einem Torero zu Hilfe kommen, der in die Bredouille geraten war, und bekam schließlich selber das Horn der Kuh ab." Dann beeilt er sich zu sagen: „Das war aber allein meine Schuld. Ich war einfach unaufmerksam." Für Pablo scheint es kein ehrenwerteres Lebewesen als den Kampfstier zu geben. Nach dem Besuch bei den betagten Stieren bringt er uns zurück zur Finca in Linares. Wir verabschieden uns von Pablo, der „dringend wieder zu den Stieren" muss.

„Es ist unmöglich, heute noch Leute wie Pablo zu finden", sagt Rocío, die Frau des ältesten Sohns des alten Züchters und damit die First Lady der Finca und La Jefa. Sie bittet uns auf einen Kaffee in das alte Bauernhaus. An den Wänden hängen ausgestopfte Stierköpfe, historische Werkzeuge und Familienfotos. Das Haus ist voll alter Möbel, an den Fenstern hängen schwere Vorhänge. Wir folgen ihr in die Küche, die Einrichtung stammt aus den Siebzigerjahren. „Ich meine nicht nur die langen Arbeitszeiten, sondern vor allem die Hingabe, mit der Pablo seiner Arbeit nachgeht", fährt Rocío fort. „Und er steht mir stets zur Seite." Die junge Frau scheint Pablo sehr zu schätzen.

Während sie den Kaffee aufsetzt, erzählt sie uns, dass sie erst seit sieben Jahren in der Sierra Morena zusammen mit den Kampfstieren lebt. Davor arbeitete sie in Madrid bei einem Fernsehsender als Bühnenbildnerin. „Der Wechsel von der Großstadt in die andalusische Provinz war nicht leicht, deshalb fahre ich immer noch oft zu meiner Familie in die Hauptstadt. Aber in Linares de la Sierra habe ich mir auch einen Traum erfüllt." Rocío schenkt den Kaffee in filigrane Tassen, stellt Zucker und Milch auf den Tisch. „Seit ich denken kann, faszinieren mich die Stiere und der Stierkampf. Ich habe mir keinen der wichtigen Stierkämpfe in Pamplona und Bilbao entgehen lassen, als ich noch in Madrid wohnte", erzählt sie begeistert, ihre Augen blitzen. „An dieser Welt wollte ich immer schon teilhaben." Sie hält die kleine Tasse mit beiden Händen fest und nimmt kleine Schlucke daraus. Sie erzählt uns, dass sie ihren Mann dann auch auf einem Stierkampf kennenlernte. Er hatte seine Stiere nach Bilbao gebracht, sie war im Publikum dabei. „Um die Entscheidung zu fällen, ob ich mein bisheriges Leben gegen das einer Gutsherrin in Andalusien eintauschen sollte, brauchte ich deshalb auch nicht wirklich lange", sagt sie. „Fehlt dir nicht deine Arbeit?", frage ich. „Hier auf der Finca kann ich auch kreativ arbeiten. Man muss neue Einkommensquellen auftun, die Stierzucht bringt immer weniger Geld. Auch wenn meine neue Familie zu den wichtigsten Züchtern im ganzen Land gehört, können die Stiere uns nicht mehr allein ernähren. Deshalb führe ich an der Seite von Pablo Touristen auf der Finca herum und ich organisiere Flamencoaufführungen." Wir erfahren auch, dass die Jungzüchter gerade auf den ausgedehnten Ländereien Windräder installieren lassen. „Die Sierra Morena ist zwar nicht Madrid, aber spannend ist es hier auch", sagt Rocío, als sie uns zum Ausgang bringt. Mittlerweile ist es fast zwei Uhr, Mittagszeit in Andalusien. „Ich muss noch das Essen machen", sagt sie entschuldigend und ist schon wieder in dem düsteren Cortijo verschwunden.

Meine Mutter und ich fallen in das nächste Landgasthaus ein, auch wir haben nach dem vollgepackten Vormittag einen Bärenhunger. Auf der Tageskarte steht das Gericht Rabo de Toro, Stierschwanz, aber wir wählen beide lieber den vegetarischen Puchero de Berza, Kohl-Eintopf. „Das waren zwei interessante Persönlichkeiten", sage ich zu meiner Mutter, während wir auf das Essen warten. „Ja, beide haben ein ganz besonderes Leben gewählt." Mich fasziniert vor allem das Leben von Rocío, ich fühle mich mit ihr verbunden, weil ich auch aus einer Großstadt der Liebe wegen in die andalusische Provinz gezogen bin. Gut, Málaga ist eine Stadt, aber im Vergleich zu München ... „Meinst du, dass Rocío wirklich glücklich dabei ist, wenn sie Touristen über die Finca führt und Folkloreveranstaltungen organisiert? Das ist doch, denkt man an ihr Leben als Bühnenbildnerin, ziemlich langweilig", sage ich. „Das kommt ganz drauf an, wie sie das sieht. Sie fasziniert die Welt des Stierkampfes, und dann hat sie auch noch ihren Mann kennengelernt ..." „... für den sie jetzt jeden Tag kochen muss", vervollständige ich den Satz. „Ich finde das bedrückend." Gerade stellt der Kellner zwei Teller mit dem dampfenden Puchero vor uns hin. Wie zwei Raubkatzen fallen wir darüber her. „Kann es sein, dass du Angst hast, Eintopf kochend und mit zwei Kindern an jedem Rockzipfel zu enden?", fragt meine Mutter, nachdem sie den Puchero vertilgt hat. Ertappt. „Irgendwie schon ...", sage ich, und mir wird noch banger. „Das ist doch Blödsinn. Wenn du so ein Leben nicht willst, bekommst du es auch nicht." „Aber ich habe Angst, hineinzurutschen, ohne dass ich es merke." „Also ich glaube nicht, dass du das Zeug zur strammen Hausfrau hast, und außerdem will Jaime bestimmt nicht so eine Partnerin an seiner Seite." „Da bin ich mir eben nicht so ganz sicher." „Dann musst du das aber bald herausfinden."

Unsere Unterhaltung geht mir während der nächsten Tage unserer Reise nicht mehr aus dem Kopf. Wir stiefeln durch Korkeichenwälder, vorbei an Eisenerzminen, laufen durch viele kleine, ursprüngliche Dörfer. Jeden Abend speisen wir vorzüglich in Landgasthäusern, und jede Nacht verbringen wir in einer anderen Pension oder in einem Apartment. Doch das Bild der kochenden Hausfrau hat sich in mein Gedächtnis eingegraben. Aus irgendeinem Grund traue ich meinem eigenen Schicksal nicht über den Weg. Ich mache mir echte Sorgen, dass die andalusische Gesellschaft mich zu Verhaltensweisen verleiten könnte, die mir fremd sind und mich zur treu sorgenden Hausfrau machen könnte, die ihre eigenen beruflichen Pläne zugunsten des Familienlebens hinten anstellt. In meinem Kopf arbeite ich deshalb einen Schlachtplan aus, um mich nicht in einer ungeliebten Rolle wiederzufinden. Zuerst muss ich auf eigenen Beinen stehen, Aufträge an Land ziehen, so lautet meine oberste Priorität. Dann muss ich auch in Málaga einen eigenen Freundeskreis aufbauen, unabhängig von Jaime. Mein drittes Ziel ist, dass unser Zusammenleben auf Gleichheit basiert. Die drei Punkte schreibe ich in ein kleines Notizbuch, das ich stets dabei habe. Als ich Jaime nach der Rückkehr aus der Sierra Morena von meinem Plan erzähle, sagt er erst abfällig: „Mann, bist du deutsch." Dann blickt er mich lange schweigsam an. „Meinst du etwa, unsere Beziehung könnte dich von deiner Selbstverwirklichung abhalten?", fragt er mich schließlich, etwas traurig. Ich beiße mir auf die Zunge. Ihm hätte ich von meinen Gedanken doch wirklich nichts sagen müssen. Dann geht er demonstrativ in die Küche und bereitet das Abendessen vor.

März

Das Erbe der Araber

Der grauhaarige Mann, der mir gegenübersitzt, trägt eine Kippa, die kleine jüdische Kappe, auf dem Hinterkopf, halblanges Haar und einen Kinnbart, dazu braune Cordhosen und eine beigefarbene Strickjacke über dem dunkelblauen Hemd. „Was weißt du über Maimonides und Averroes?", fragt er in breitem Amerikanisch und blickt mich mit seinen kühlen graublauen Augen durchdringend an.

Gestern fand ich in meinem Posteingang die E-Mail einer Produktionsfirma aus Málaga, die mit einem amerikanisch-jüdischen Regisseur einen Dokumentarfilm über das Erbe der Mauren in Andalusien drehen will. Sie brauchen dringend einen Aufnahmeleiter, der auch Englisch kann – der Mann, der den Job eigentlich übernehmen sollte, ist kurzfristig abgesprungen. Die Geschichte dreht sich um die beiden historischen Figuren Averroes und Maimonides und um deren Nachwirken im heutigen Andalusien. Schon morgen müsste das Bewerbungsgespräch für den Job stattfinden, stand in der Mail, in einer Woche soll der Dreh beginnen. Ich rief sofort beim Produzenten an und vereinbarte einen Termin für den nächsten Tag. Dann ging ich in die Bibliothek und sammelte alles, was ich über die beiden finden konnte.

Averroes war im 12. Jahrhundert ein Kadi, ein islamischer Richter, in Córdoba. Und Maimonides war ein jüdischer Zeitgenosse Averroes', der seine ersten Lebensjahre ebenfalls in der damaligen Hauptstadt des maurisch besetzten Spaniens verbrachte. Beide galten als spirituelle Größen in ihrer jeweiligen Religionsgemeinschaft und als vehemente Verfechter der religiösen Toleranz, beide gehörten zu den Ersten, die im Mittelalter nach mehr als tausend Jahren die Schriften des Aristoteles aus der Vergessenheit wieder hervorholten. Weil sie Toleranz zwischen den Religionen predigten, mussten sie aber im Jahr 1150 aus ihrer Geburtsstadt fliehen, denn mit den Almohaden waren islamische Fundamentalisten an die Macht gekommen.

Die Geschichte der beiden Revoluzzer hat auch mein Interesse geweckt, und so fahre ich voll froher Erwartung auf meiner Vespa an der Strandpromenade entlang zum Vorstellungsgespräch im Stadtviertel El Palo, wo die Produktionsfirma ihren Sitz hat. Als ich dort begeistert von Averroes und Maimonides erzähle, werden die harten Gesichtszüge des Regisseurs langsam weicher, er blickt mich jetzt freundlich an. „Das sieht ja so aus, als wärst du ein genauso großer Fan der beiden wie ich. Sehr gern würde ich mit dir zusammenarbeiten. Ich bin Jacob", sagt er, streckt mir seine Hand entgegen und drückt sie fest. Dann erklärt er mir, er wolle in der nächsten Woche an der Wirkungsstätte der beiden drehen. Ein Interview mit Mansur Escudero, dem Präsidenten der Junta Islámica, einer der größten islamischen Vereinigungen Spaniens, steht auch auf dem Plan. Ich soll die Genehmigungen für den Dreh in der Stadt besorgen, den Interviewtermin organisieren und außerdem nach möglichen weiteren Gesprächspartnern in Córdoba suchen. Jacob gibt mir seine Karte und ein Dossier über den Film, dann reicht er mich an den Produzenten weiter. Der will mit mir die Bezahlung verhandeln.

Auf diesen Teil des Bewerbungsgesprächs hatte ich mich viel weniger vorbereitet als auf den ersten, im Glauben, die größte Schwierigkeit bestehe darin, meine fachliche Kompetenz unter Beweis zu stellen. Jetzt sitze ich vor José, dem Produzenten, und bin erst einmal stumm. Bisher war ich beim Gehalt immer vor vollendete Tatsachen gestellt worden. Als ich schließlich eine Summe nenne, schluckt José erst, druckst dann herum und sagt, das sei für seine Firma zu viel. Sein Angebot liegt deutlich unter meiner Forderung, trotzdem sage ich zu. Das Filmprojekt hat mich begeistert, und dass die Gehälter in Málaga niedriger sind als in München, war zu erwarten.

Zu Hause mache ich mich daran, den Dreh zu organisieren. Zuerst will ich das Interview mit Mansur Escudero unter Dach und Fach bringen. Die übrigen Termine werde ich danach richten. Escudero ist nicht nur der Präsident der wichtigsten muslimischen Vereinigung in Spanien, sondern auch Psychiater. Er stammt aus einem kleinen Dorf in der Nähe von Málaga, war während der Franco-Diktatur militanter Kommunist und konvertierte im Jahr 1979 zum Islam. Jetzt wohnt er in der Nähe des Städtchens Almódovar del Río, südwestlich von Córdoba, wo wir ihn in der kommenden Woche für das Interview besuchen sollen. Escudero hat als erster islamischer Führer weltweit nach den Anschlägen von New York den Terrorismus in einer Fatwa verurteilt.

Die Suche nach weiteren Interviewpartnern dieses Kalibers stellt sich als schwierig heraus. Der Dreh in Córdoba ist ein wichtiger Teil des Dokumentarfilms, denn diese Stadt symbolisiert für Jacob, dass das friedliche Miteinander der Religionen möglich ist, diese Tradition will er in seinem Film aufleben lassen. Schließlich stoße ich auf die Einrichtung Casa Sefarad, ein Museum, das an die Geschichte der spanischen Juden in Córdoba erinnert. Allerdings gibt es dort keine so imposante Figur wie Mansur Escudero. Weil es jedoch meine einzige Ausbeute ist, rufe ich Jacob an. Er findet das Haus vor allem deshalb interessant, weil dort regelmäßig Konzerte mit Sefarad-Musik veranstaltet werden. Dabei versuchen die Musiker mit arabischen Saiteninstrumenten die Klänge zu erzeugen, die die Juden im Mittelalter in Spanien gespielt haben könnten. Und tatsächlich, das Konzert, das wir ein paar Tage später in der Casa de Sefarad in Córdoba filmen, hätten genauso Musiker aus dem arabischen Kulturkreis geben können. Gerade das findet Jacob spannend, denn es ist für ihn ein Beweis dafür, wie eng die beiden Religionen sich einst waren. Einer der beiden Musiker stammt sogar aus Marokko, der andere aus Israel, wie sich später herausstellt. Begeistert bittet Jacob die beiden um ein spontanes Interview, ich muss übersetzen. Schnell lenkt er das Gespräch auf die Epoche der religiösen Toleranz in Córdoba, und die beiden sind mit ihm ganz einer Meinung, dass diese Zeit nur ein Vorbild sein kann.

Am nächsten Tag ziehen wir in aller Früh zur Mezquita. Wir dürfen im Inneren der wichtigsten Sehenswürdigkeit der Stadt nur drehen, wenn die Touristen noch nicht offiziell Einlass bekommen, das heißt vor zehn Uhr. Das Morgenlicht taucht die Säulenhalle der Mezquita in ein ganz besonderes Licht. Die ockerfarbenen und weinroten Doppelarkaden scheinen über den hunderten filigranen Säulen der Moschee zu schweben. Das schräg einfallende milchige Sonnenlicht bringt den Tempel zum Leuchten. Der erste islamische Herrscher in Córdoba, der ursprünglich aus Damaskus stammte, kaufte den Christen der Stadt im Jahr 756 das damalige Gotteshaus angeblich zu einem fairen Preis ab, 100 000 Golddinare soll er bezahlt haben. Die alten römischen und gotischen Säulen der Kirche hat er in der Mezquita wiederverwertet – deshalb gleicht auch keine Säule der anderen. Als die Christen dann im 13. Jahrhundert Córdoba zurückeroberten, blieb das schöne Bauwerk den Muslimen verschlossen, sie durften hier nicht mehr ihren Gott anbeten. Übrigens bis heute nicht. Der Bischof von Córdoba lehnt die Petitionen der Moslems, die Mezquita auch ihrem Kult zu öffnen, regelmäßig ab. „Wieso machst du kein Interview mit dem Bischof von Córdoba?", frage ich Jacob, als wir nach den Aufnahmen in der Moschee in einer Bar in der Judería, dem ehemaligen Judenviertel, frühstücken. „Der fördert doch nicht die religiöse Toleranz", sagt Jacob sofort. „Aber gerade deshalb ist er ja als Gesprächspartner interessant. Er zeigt, wie die Situation heute in Córdoba wirklich ist und wie die Gesellschaft sich auch zurückentwickeln kann", entgegne ich. Doch daran scheint Jacob nicht viel gelegen. Ihm geht es vor allem darum, die positiven Beispiele der beiden mittelalterlichen Größen aufzuzeigen und Menschen zu portraitieren, die in ihrem Namen handeln.

Später lese ich in der Tageszeitung El País ein Interview mit dem Historiker und Schriftsteller Antonio Muñoz Molina aus Granada. Er sagt, ihn mache der Populismus derer wütend, die sagen, im maurischen Córdoba hätten die drei Weltreligionen gleichberechtigt koexistiert. Er sagt, damals wurden zwei Weltreligionen von einer dritten dominiert. Man schrieb und sprach arabisch, die Muslime regelten das öffentliche Leben nach ihren Gebräuchen. Die anderen waren ihnen unterworfen. Als Beispiel führt er auf, dass die beste mittelalterliche jüdische Poesie auf Arabisch entstand. Den Artikel reiße ich aus der Zeitung und lege ihn Jacob bei unserem nächsten Halt in einer Bar in sein Notizbuch. Doch auch auf diese Einwände des Schriftstellers will sich Jacob nicht einlassen.

Mansur Escudero hingegen ist der ideale Repräsentant für Jacobs Botschaft. Der zum Islam konvertierte Christ ist ein vehementer Verfechter der Toleranz, in seiner Argumentation spielt Averroes eine zentrale Rolle. Den Wohnort von Escudero erkennt man schon von weitem, die Trutzburg von Almódovar del Río ist ein Symbol des maurischen Widerstands gegen die christliche Rückeroberung. Bis kurz nach der Reconquista von Córdoba konnten die Mauren die Angriffe der christlichen Heere abwehren. Escudero schwärmt von der Figur Averroes und predigt religiöse Toleranz. Am Ende des Besuchs liest Escudero vor laufender Kamera aus seiner Fatwa gegen den Terrorismus. Bei der Einstellung sitzt der grauhaarige Mann auf der Terrasse seiner Wohnung, im Hintergrund erkennt man die Trutzburg. Jacob ist begeistert: „Das ist die Abschlussszene für den Film", sagt er, als wir wieder auf dem Rückweg nach Córdoba sind.

„Sieh dir das mal an: Viele Bruderschaften in Sevilla erlauben es den Frauen nicht, bei der Semana-Santa-Prozession den Thron zu tragen." Nicole, die Chefin vom Dienst der deutschsprachigen Wochenzeitung, hält mir den Zeitungsausschnitt aus der spanischen Tageszeitung El País unter die Nase. Ich bin noch ganz benommen von meinem Aufenthalt in Córdoba. Gerade noch rechtzeitig habe ich es direkt nach dem letzten frühmorgendlichen Dreh in den Gassen der Altstadt, wo wir die Statuen der beiden Denker gefilmt haben, zur freitäglichen Redaktionskonferenz in Málaga geschafft. „Wenn du zur Karwoche nach Sevilla fährst, musst du unbedingt mit den Thronträgerinnen reden."

Vor ein paar Wochen hatte ich Nicole gesagt, dass ich mir dieses Jahr die Semana Santa in der andalusischen Hauptstadt ansehen wollte, dort soll sie am spektakulärsten sein. Von den Umzügen selbst hält Nicole nicht viel, doch die mit religiösen Motiven gerechtfertigte Diskriminierung der Frauen findet sie ein hoch spannendes Thema. Später erfahre ich, dass sich hinter ihrem Interesse ganz persönliche Motive verstecken. „Diese Frauen müssen sich gerade total im Zwiespalt befinden. Auf der einen Seite wollen sie ihre Religion und ihre Bruderschaft nicht vor den Kopf stoßen, auf der anderen versuchen sie ihre Rechte zu verteidigen. Denn es steht anscheinend nirgends geschrieben, dass Frauen bei den Prozessionen nicht den Thron mit der Jungfrau oder der Jesusstatue tragen dürfen." Ein neuer Fall von religiösem Eifer bedroht die Toleranz in Andalusien, denke ich und freue mich schon auf die Recherche.

Nach der Sitzung gehe ich mit Nicole noch einen Kaffee trinken. Ihr Freund ist ein Andalusier, dessen arabische Wurzeln noch sehr präsent sind. So drückt sie das aus, und nach ihren Erzählungen habe ich wirklich eher den Eindruck, sie sei mit einem Marokkaner zusammen als mit einem Spanier. Die schmutzige Wäsche lässt er einfach auf den Boden fallen, den Tisch räumt er nie ab; dass sich das Geschirr im Spülbecken stapelt, merkt er nicht. Wenn Nicole einmal kein Mittagsmenü auf den Tisch stellt, zieht er trotzig zu seiner Mutter, die jeden Tag einen dampfenden Topf auf dem Herd hat. Und so steht Nicole mit der gesamten andalusischen Männerwelt, und auch mit deren Müttern, auf Kriegsfuß. „Er ist ja kein schlechter Mensch, aber total verzogen. Außerdem erwarte ich ein Kind von ihm", erklärt Nicole, als ich sie auf die Option der Trennung hinweise, und mit einem genervten Lächeln fügt sie hinzu: „Ich befürchte, dass ich dann eine alleinerziehende Mutter mit zwei Kindern sein werde." Weshalb sie ihre ganze Munition auf die spanische Mutterwelt feuert. Den Kampf der Frauen um Gleichstellung in Andalusien hat sie zu ihrem Steckenpferd gemacht.

Auch wenn der Mann an meiner Seite keinerlei solcher Macho-Allüren zeigt, finde ich das Thema sehr interessant. Vielleicht habe ich auch deshalb im vergangenen Monat plötzlich meine Zukunft an der Seite von Jaime in Frage gestellt, weil in Andalusien wirklich noch teilweise der arabische Kulturraum fortbesteht? Voller Eifer stürze ich mich auf die Geschichte der frustrierten Thronträgerinnen aus Sevilla. Bis ich eine der Frauen am Hörer habe, muss ich aber mehrere Hürden überwinden. Im Internet finde ich zuerst nur die Nummer der Bruderschaften heraus. Das Spiel ist immer das gleiche: Entweder sagt der Sekretär, die

Frauen dürften bei ihnen den Thron bereits tragen, oder er will mich nur mit dem Pressesprecher verbinden, der wiederum die Nummer der Frauen nicht herausrücken will. Bei der letzten Bruderschaft auf der Liste schmeiße ich meine ganze Überredungskunst in die Waagschale. Von meiner Sympathie mit den Frauen lasse ich mir so wenig wie möglich anmerken. Doch auch dieser Sprecher hat nicht die Absicht, mir die Nummer der Frauen zu geben. „Sie sind ganz einfach nicht stark genug. Außerdem stehen die Träger unter dem Thron sehr nah zusammen", sagt er. Ich gebe dem Herrn zu verstehen, dass ich sein Argument nicht verstehe. „Es kann zu unzüchtigen Berührungen kommen. Die Frauen haben deshalb bereits eingesehen, dass es unmöglich ist, dass sie einen der beiden Throne mittragen", erklärt er. „Aber wenn das so ist, dann wäre es doch gerade interessant, wenn die Frauen mir ihre Argumente schildern könnten." Er gibt sich geschlagen und nennt mir die Telefonnummer von Inmaculada, einer der aufständischen Hermanas. „Wie passend", denke ich, als ich ihren Namen höre. Auf Deutsch bedeutet er „die Unbefleckte".

Von Einsicht merke ich beim Gespräch mit der Dame jedoch nichts. Der Pressesprecher hat allen Grund, den Frauen keine Plattform geben zu wollen. „In der heutigen Zeit sollte es doch ganz normal sein, dass wir auch den Thron tragen. Wir sind stark genug und unsere Religion verbietet es uns nicht", sagt Inmaculada aufgebracht. Die Prozession ihrer Bruderschaft zieht am Abend des Viernes Santo, am Karfreitag, durch die Straßen der Altstadt von Sevilla. Wir verabreden uns am Nachmittag an einer Straßenecke. Leider denken die Frauen nicht daran, eine lautstarke Protestaktion zu organisieren, das wollen sie ihren Brüdern nicht antun. Wie jedes Jahr werden sie die Prozession vom Straßenrand aus beobachten, manchmal ihren Männern, die oft unterm Thron gehen, etwas zu trinken geben. „Ich werde versuchen, eine Freundin mitzubringen, die bei der Prozession ihrer Bruderschaft den Thron tragen darf", verspricht sie mir noch.

Am Nachmittag des Karfreitags stehe ich in einer dichten Menschentraube an der Avenida de la Constitución. Die breite Prachtstraße, die zum offiziellen Weg der Prozessionen von Sevilla gehört, ist noch leer, nur die Bürgersteige sind bis auf den letzten Platz belegt. Die Stimmung erinnert eher an einen Jahrmarkt als an ein religiöses Fest. Zuckerwatte und Luftballons ragen über den Köpfen der Menschen hervor, fliegende Händler versuchen mit „Coca-Cola, Fanta, Agua!"-Rufen die Aufmerksamkeit des Publikums auf sich zu ziehen. Ich habe ernsthafte Bedenken, ob ich Inmaculada in dem Chaos überhaupt finden werde. Eine Stunde habe ich noch Zeit. Die Trommler der ersten Hermandad, die heute ihre Jesus- und Marienfiguren durch die Stadt tragen, sind bereits zu hören. Die Melodie ist eintönig, und doch entsteht eine ehrfürchtige Stimmung. Das Stimmengewirr wird leiser und alle Augenpaare sind plötzlich auf die Straße gerichtet, wo gerade das erste Kreuz des Tages auftaucht. Hinter dem Träger des Kreuzes zieht ein endloses Heer weiß gewandeter Büßer vorbei: die Nazarenos. Sie tragen lange Spitzhüte, die auch ihr Gesicht bedecken. Auf mich wirken sie wie Mitglieder des Ku-Klux-Klan, ziemlich unheimlich. Die Büßer tragen die Maske und den Hut seit dem 14. Jahrhundert, so habe ich es in der Stadtbibliothek in einem Buch über die Semana Santa gelesen. Damals hatte der Papst öffentliche Selbstzüchtigungen verboten. Weil es in Spanien jedoch dazugehörte, sich in der Karwoche Schmerzen zuzufügen, zogen die Büßer die Haube mit dem Gesichtsschutz über, um nicht erkannt zu werden. In manchen Gemeinden geißeln sie sich auch heute noch, bei den Umzügen in den großen Städten macht das niemand mehr. Allerdings gehört zu jeder Prozession in Sevilla auch ein Trupp radikaler Büßer, die Penitentes. Sie legen den kilometerlangen Weg durch die Innenstadt barfuß zurück, manche sogar auf den Knien, viele ziehen Ketten oder Holzkreuze hinter sich her. Zwischen den beiden Büßertrupps wackelt der erste Thron mit einer Szene aus der Passionsgeschichte. Die Träger darunter sind nicht zu erkennen, eine Decke reicht bis zum Boden; man hat den Eindruck, die Statue würde sich von alleine fortbewegen.

Unter dieser Decke wären also auch gern die Frauen um Inmaculada. Ich muss an die Worte des Pressesprechers denken, der von „unzüchtigen Berührungen" sprach. Beim besten Willen kann ich mir nicht vorstellen, wie die Brüder und Schwestern unter dem stickigen Teppich, wahrscheinlich auch noch völlig verschwitzt, an Sex denken sollten.

Ich bin allein nach Sevilla gereist, Jaime hatte keine Lust auf die Semana Santa, mit der Religion hat er nicht viel am Hut, und dem Trubel während der Feiertage entflieht er lieber. Gestern, am Gründonnerstag, ist er mit Freunden in den Naturpark Sierra de Cazorla in Jaén gefahren, die Bergwelt wollen sie mit dem Mountainbike unsicher machen. Als ich jetzt die fanatischen Glaubensbrüder in den Straßen Sevillas sehe, wünsche ich für einen kurzen Moment, ich wäre weit weg, in den abgeschiedenen Bergen bei Jaime. Doch ich verscheuche diesen Gedanken schnell, schließlich habe ich eine Mission. Zielstrebig bahne ich mir den Weg zu der Straßenecke, an der ich mich mit Inmaculadas Clique verabredet habe. Natürlich bin ich zu früh. Ich sehe auch noch den zweiten Thron mit der Marienfigur auf der Avenida vorbeiziehen. Erst als ich schon fast eine halbe Stunde an der Ecke warte, trudeln die schnatternden Frauen ein. Sie sind gleich zu erkennen, wie eine Revoluzzergruppe sehen sie jedoch nicht aus. Vielmehr wirken die militanten Thronträgerinnen wie Hausfrauen auf Freigang.

Ich gehe auf die Truppe zu und versuche mir Gehör zu verschaffen, was gar nicht so einfach ist. „Hola, soy Veronica. He quedado con Inmaculada", sage ich mehrmals, dabei muss ich das Volumen immer mehr steigern, bis ich am Ende fast schreie. Erst dann blicken mich die Frauen etwas verwundert an. Sie scheinen ganz vergessen zu haben, wieso sie an diese Ecke gekommen sind. Doch dann steht plötzlich eine kleine, leicht untersetzte Frau, Anfang dreißig, mit schwarzem Lockenschopf vor mir. Wie die anderen trägt sie Rock, Bluse und Halbschuhe. „Hola Vero, soy Inma!" Während wir die ersten Worte austauschen, sind noch alle übrigen Augenpaare auf uns gerichtet, doch die anderen haben sich schnell an der deutschen Journalistin sattgesehen und sind schon wieder in lautstarke Unterhaltungen vertieft. Ich bin froh, dass Inma eine so tiefe Stimme hat, dass ich sie auch trotz des Lärms gut verstehe. Sie hakt sich bei mir ein, wir blicken auf die Straße, wo die Prozession vorbeizieht, von der Seite sieht sie mich erwartungsvoll an. „Der Pressesprecher deiner Bruderschaft hat gesagt, ihr dürft den Thron deshalb nicht tragen, weil es in der Enge darunter zu unzüchtigen Berührungen kommen kann ...", beginne ich. „Ist das nicht unglaublich? Mit solchen Argumenten schneiden sich die Männer doch nur ins eigene Fleisch. Anscheinend können sie neben einer Frau nur an das Eine denken." „Vergeht dir bei solchen Sprüchen nicht die Lust, den Thron zu tragen?", frage ich vorsichtig. „Unsere Haltung ist für jemanden, der mit dieser Tradition nicht aufgewachsen ist, vielleicht nicht so einfach nachzuvollziehen. Die Semana-Santa-Hermandad ist für uns sehr wichtig, sie ist fast wie die Familie. Von Kindesbeinen an haben wir die Prozessionen verfolgt. Unsere Brüder wurden gleich nach der Kommunion Mitglieder in den Hermandades", erzählt sie, und mit der freien Hand unterstreicht sie ihre Worte mit kräftigen Gesten. „Damals wurden sie in eine geheime Welt eingeweiht, die für uns nicht zugänglich war. Wir durften nur als Zaungäste zusehen, wenn sie an den Umzügen teilnahmen. Vielleicht gerade weil wir bisher so radikal von diesen Riten ausgeschlossen waren, haben sie für uns etwas Mystisches, das uns stark anzieht. Mittlerweile dürfen wir zwar Mitglieder der Bruderschaft werden, aber den Thron dürfen wir immer noch nicht tragen. Dabei handelt es sich jedoch um eine der wichtigsten Aufgaben bei der Prozession." „Und wieso geht ihr dann nicht einfach zu einer Bruderschaft, bei der ihr den Thron tragen dürft?", frage ich sie ganz pragmatisch. Inmaculada blickt mich skeptisch an. Sie scheint mir sagen zu wollen, dass ich wirklich gar nichts verstanden habe. Sie hätte sogar recht. Diese religiös-mythische Welt ist mir so fremd wie die der Fakire. „Du musst verstehen, dass die Bruderschaften sehr eng mit unseren Familien verbunden sind. Man kann sich nicht einfach eine aussuchen, sondern wird sozusagen hineingeboren", erklärt sie schließlich eindringlich.

„Unsere Prozession zieht erst um zehn Uhr abends vorbei. Wenn du willst, können wir vorher noch ein paar Tapas essen." Die Idee finde ich großartig. Ich hatte schon befürchtet, bei dem religiösen Eifer der Mädels müsste ich mir während der ganzen Nacht die Beine in den Bauch stehen. Wie sie bei diesem Menschenaufkommen einen freien Platz für acht Frauen finden will, ist mir zwar schleierhaft, doch der resoluten Inmaculada traue ich alles zu. Tatsächlich stellt sie sich an die Spitze unseres kleinen Zugs und bahnt uns einen Weg.

Plötzlich stehen wir in einer Gasse, die im Vergleich zur Avenida de la Constitución menschenleer ist. Inmaculada und die anderen verschwinden gerade in einer kleinen Tür und ich beeile mich, ihnen zu folgen. Im Inneren verbirgt sich eine alte Taverne mit gewölbten Decken, andalusischen Kacheln an den Wänden und Terrakottafliesen am Boden. An der hölzernen Bar ist die ganze Palette der andalusischen Tapas aufgereiht, alte Eichenfässern dienen als Tische, davor sitzen die Gäste auf Barhockern. Zwei Fässer sind tatsächlich noch frei. „Ensaladilla Rusa, Papas a la Brava, Berenjenas con Miel, Boquerones en Vinagre, Carne en Salsa, Dátiles con Bacon, Chorizo en Vino dulce, Croquetas Caseras ..." Ohne auch nur ein Mal Luft zu holen, zählt der Kellner die Spezialitäten des Hauses auf. Inmaculada ergreift schnell das Wort und ordert Mayonnaisesalat, frittierte Auberginen mit Honig, Sardellen in Essigsauce und hausgemachte Kroketten. Bei jeder Bestellung lässt sie ihren Blick durch die Runde kreisen, um die Zustimmung der anderen einzuholen. Inmaculada ist eine demokratische Anführerin. „¿Y quién quiere una caña? Wer will ein Bier?", fragt sie am Ende. Alle Hände, auch meine, schnellen in die Höhe. Der Kellner zuckt während der Prozedur nicht mit der Wimper, sondern wiederholt nur immer die letztgenannte Bestellung. Das tut er anscheinend, um nichts zu vergessen, denn einen Block hat er nicht dabei.

„Das ist Nadia", stellt Inmaculada eine junge Frau vor, als die Bestellung abgeschlossen ist. „Sie ist Mitglied einer anderen Bruderschaft, seit zwei Jahren darf sie den Thron tragen." Nadia ist schüchtern, auf meine Fragen antwortet sie nur zaghaft. „Wie fühlt es sich an, den Thron zu tragen?" „Es ist ziemlich anstrengend, aber toll. Danach hatte ich das Gefühl, richtig dazuzugehören." Schwierig war der Einzug der Frauen unterm Thron anscheinend nicht. Nadia erzählt, dass die Männer ihren Wunsch sofort akzeptiert hätten. Jede Bruderschaft scheint ihre eigenen Regeln zu befolgen. Schnell bin ich auch mit den anderen Frauen in Unterhaltungen verstrickt, doch keine kann mir so gut wie Inmaculada erklären, wieso sie unbedingt unter den Thron will. Am Ende habe ich das Gefühl, dass die Motivation, die die Frauen antreibt, einen sozialen Ursprung hat. Die Semana-

Santa-Bruderschaften haben in der andalusischen Gesellschaft immer schon eine sehr wichtige Rolle gespielt. Für den sozialen und beruflichen Aufstieg ist es förderlich, einer einflussreichen Hermandad anzugehören. Die Brüder machen Politik, verschachern Arbeitsplätze und verteilen soziales Ansehen. Die Frauen waren bisher gänzlich davon ausgeschlossen. Nach dem Tod von Diktator Franco hat sich zwar formal die Position der Frauen in der spanischen Gesellschaft geändert, doch auf solche Anachronismen hat die Politik keinen Einfluss.

Als wir die Bar verlassen, ist das Schnattern der Frauen in ein aufgedrehtes Gackern übergegangen. Auf demselben Weg und in derselben Formation marschieren wir zurück zu der Ecke, an der die Frauen ihren Umzug, an dem sie nicht teilnehmen dürfen, zu beobachten pflegen. Der wilde Haufen verfällt in eine ehrfurchtsvolle Stille, als die ersten Trommelschläge ihre Prozession ankündigen. Es ist bereits ein Uhr nachts, als der Thron mit dem Jungfrauenbild vorbeizieht. „Unser Kampf für die Gleichstellung in der Bruderschaft ist ein historischer. Seit der Maurenzeit haben die Frauen hier nur im Haushalt und in der Erziehung etwas zu sagen", bemerkt Inmaculada zum Abschluss noch.

Völlig erschöpft falle ich in das Bett der Pension, in der ich mich eingemietet habe. Die eintönigen Trommelschläge der Prozessionen wiegen mich in den Schlaf, bis um sechs Uhr morgens stehen Umzüge auf dem Programm. In meinem Traum befinde ich mich in einem stickigen dunklen Raum. Auf meinen Schultern trage ich eine unglaublich schwere Last. Es riecht nach saurem Schweiß. Meine nackten Arme streifen auf beiden Seiten die Haut eines Menschen, den ich nicht sehen kann. Da wird mir bewusst, dass ich mich unter einem Thron einer Semana-Santa-Bruderschaft befinde. Ich will nur noch raus, das Atmen fällt mir schwer, doch ich muss die Jesusfigur noch drei Stunden lang durch die Stadt tragen ... Schweißgebadet wache ich auf. Ich habe genug von der Semana Santa. Am nächsten Morgen verlasse ich Sevilla nach einem schnellen Frühstück fluchtartig.

Das übrige Wochenende verbringe ich allein in der Wohnung, Jaime will erst am Sonntagabend aus den Bergen zurückkommen. Eigentlich hatte ich mich darauf gefreut, ein paar Tage alleine zu sein, doch als der Abend anbricht, würde ich am liebsten mit jemandem über meine Erlebnisse in Córdoba und Sevilla sprechen. Aber noch kenne ich in Málaga niemanden, den ich anrufen könnte. Plötzlich fühle ich mich mutterseelenallein, erst sehne ich mich zurück nach Granada, dann nach München. Als ich es nicht mehr aushalte, wähle ich die Nummer von Jaime. Er antwortet sofort. „¿Qué pasa? Was ist los?" An meiner verheulten Stimme hat er anscheinend schon gemerkt, dass etwas nicht stimmt. „Ich fühl mich allein", sage ich schluchzend. „Morgen komme ich gleich nach dem Frühstück nach Hause", sagt Jaime, ohne eine Sekunde zu zögern. Den Sonntag verbringen wir eng umschlungen vor dem Fernseher, wo wir uns einen Almódovar-Film nach dem anderen aus Jaimes Bibliothek ansehen. Er macht sogar Popcorn. „Tut mir leid, dass ich dir gestern am Telefon so eine Szene gemacht habe", sage ich kleinlaut, als wir ins Bett gehen. „Tranquila. Es ist doch ganz normal, dass der Anfang in einer neuen Stadt nicht leicht ist", sagt er. Meine Mutter hatte recht, als sie sagte, dass ich in guten Händen sei. Der Anflug von Heimweh ist wie weggeblasen.

April

Mañana será otro día

„Es ist so weit", Barbara ist ganz aufgeregt am Telefon. Sie hat die Subvention für ihr Kulturtourismusprojekt tatsächlich erhalten. Seit wir im Januar bei ihr waren, haben wir regelmäßig telefoniert, ihr Projekt war Dauerthema. Auch ich fieberte irgendwann mit ihr der Antwort entgegen. Wenn es nach ihr ginge, würde ich noch diese Woche mit den Interviews loslegen. Den Fragebogen hat sie mir bereits in immer wieder überarbeiteten Versionen zugeschickt, was sie wissen will, weiß ich mittlerweile genau. Weil ich gerade Zeit habe, sage ich ihr zu, noch diese Woche loszulegen. Außerdem bin ich sicher, dass dieser Job auch eine Fundgrube für neue Geschichten sein wird.

Ein paar Tage will ich in Benalauría bleiben, um von dort die ersten Künstler zu besuchen. „Am kommenden Wochenende veranstaltet die Künstlergruppe aus dem Nachbarort Gaucín einen Open-Studio-Tag, da kannst du eine Menge Kontakte knüpfen. Zuerst musst du aber nach Castellar de la Frontera in Cádiz fahren. Dort leben viele Künstler in einer wunderschönen alten Burg", sagt Barbara, diktiert mir zwei Telefonnummern und erklärt, die anderen Künstler in dem Dorf solle ich einfach ansprechen. Einen ganzen Nachmittag lang wähle ich die beiden Nummern. Doch erst als ich kurz vorm Aufgeben bin, erbarmt sich einer der beiden Künstler meiner. Er heißt Ángel und ist Bildhauer. „Komm doch am Freitag so gegen zwölf, ich geb den anderen Bescheid", sagt er, von dem Projekt hatte ihm Barbara anscheinend schon mal erzählt. Als ich Jaime am Abend meine

Pläne offenbare, ruft er seinen Freund Juan an. Die beiden vereinbaren, am Freitagabend ebenfalls nach Benalauría zu fahren, Juan will seine neue Freundin Ara mitbringen. Das klingt nach einem vielversprechenden Wochenende.

Mit Kamera und Notizblock ausgerüstet breche ich zwei Tage später nach Castellar de la Frontera auf. Das Dorf liegt mitten im Naturpark Los Alcornocales, in einem riesigen Korkeichenwald. Voller Vorfreude fahre ich auf der Autobahn in Richtung Algeciras. Kurz vor der Hafenstadt biege ich nach Castellar ab. Eine Burg sehe ich in der Ortschaft allerdings nicht. Nach mehreren Runden frage ich schließlich einen Anwohner. Er erklärt mir in breitem Andalusisch, die Burg liege weit außerhalb des Dorfs, und weist mit dem Zeigefinger gen Nordwesten. Ich danke ihm und fahre seiner vagen Wegangabe hinterher. Tatsächlich sehe ich bald ein Schild mit der Aufschrift „Castillo de Castellar". Mittlerweile ist es schon zwölf Uhr. Ich fahre durch einen dichten Kork- und Steineichenwald, in dem hellrosa blühende Zistrosensträucher leuchten. In der Ferne lässt sich auf einem Hügel schon die maurische Trutzburg erkennen. Doch die Schönheit der Landschaft kann ich nur halbherzig genießen, mein Blick wandert immer wieder zur Uhr, deren Zeiger unaufhaltsam voranschreiten.

Es ist halb eins, als ich vor den alten Steinmauern der Burg parke. Im Eiltempo packe ich meine Sachen, laufe die Auffahrt empor, durchquere mehrere Tore, die durch dicke Mauern führen. Nach der letzten stehe ich plötzlich vor einem Gassengewirr, atemlos bleibe ich stehen. Keine Festung versteckt sich hinter den dicken Mauern, sondern ein richtiges Dorf. Damit habe ich nicht gerechnet, ich habe Ángel nicht einmal gefragt, wo er überhaupt lebt, denke ich gerade mit wachsender Verzweiflung; da höre ich jemanden meinen Namen sagen. Ich wirble herum und sehe einen jungen Mann vor mir. „Ángel?", frage ich. „Nein, ich bin Roberto.

Ángel hat mir gesagt, dass du heute kommst, um uns für Barbaras Projekt zu interviewen." Er macht Anstalten, mich in einen der niedrigen Hauseingänge zu bugsieren. „Ich habe Ángel gesagt, ich bin um zwölf da, und jetzt ist es fast eins", sage ich schnell. „Zuerst sollte ich ihn besuchen ..." Meine Aufregung scheint nicht zu übersehen zu sein. Denn Roberto unterbricht mich: „Tranquila, aquí no hay horario – Ganz ruhig, hier gibt es keine Uhrzeiten." Den Ruf als deutscher Pünktlichkeitsfanatiker will ich mir nicht anhängen lassen, also atme ich tief durch und folge ihm in sein Atelier.

An den Wänden hängen riesige Bilder, auf denen knallbunte Farbkleckse in allen Größen verstreut sind. Auf dem Boden stapeln sich Leinwände, in einer Ecke stehen offene Farbtöpfe, in denen dicke Pinsel stecken. Ich zücke schon meinen Block, da fragt mich Roberto: „Willst du einen Kaffee?" Ohne meine Antwort abzuwarten, verschwindet er in einem Hinterzimmer, das mit einem Vorhang vom Ausstellungs- und Arbeitsraum getrennt ist. Ich schließe die Augen und fasse den Entschluss, die Sache wirklich entspannt anzugehen. „Wie kommt es dazu, dass ihr in dieser schönen Burg leben und arbeiten dürft?", frage ich Roberto, den ich hinter dem Vorhang mit Töpfen hantieren höre. „In den Siebzigerjahren erzählten die Politiker den Bewohnern, ihr Dorf würde von dem Stausee, der heute hinter dem Dorf liegt, überflutet werden. Alle zogen in den neuen Ort weiter unten, wo ihnen gleichförmige Neubauten zur Verfügung gestellt wurden. Nur zwei, drei ältere Menschen wollten nicht weg. Das Wasser blieb aus, dafür kamen Hippies aus aller Welt. Ein paar wohnen immer noch hier, vor allem deutsche. Zuletzt kamen wir Künstler und Kunsthandwerker. Die Burg ist heute zur Touristenattraktion geworden und damit zum idealen Platz, wo man gleichzeitig arbeiten und verkaufen kann. Denn die Umgebung ist sehr inspirierend."

Roberto kommt aus dem Hinterzimmer, die eine Hand hält den Vorhang auf, die andere balanciert ein kleines Tablett mit zwei dampfenden Tassen, Zuckerstreuer und Milchkännchen. „Wenn dich die Geschichte der Ortschaft interessiert, musst du unbedingt die deutschen Hippies besuchen, die sind am längsten da. Frag einfach unten in der Bar am Burgeingang nach Hermann. Der weiß alles." Eine halbe Stunde lang erzählt mir Roberto von seinem Werdegang, von den Museen und Galerien, in denen er schon ausgestellt hat, und von seiner Kunst. Kein Detail lässt er aus. Erst als er geendet hat, komme ich dazu, die Fragen zu stellen, die Barbara mir ans Herz gelegt hat. Sie will wissen, welche Materialien er benutzt und wie die nähere Umgebung sich auf seine Kunst auswirkt. Roberto spricht mehrere Minuten von der Natur als Inspirationsquelle.

Als er geendet hat, begleitet er mich durch die mit alten, ungleichmäßigen Steinen gepflasterten Gassen zum Atelier von Ángel. Die Fassaden der niedrigen alten Häuser sind frisch gestrichen, an vielen ranken üppige Bougainvilleas empor. Blühende Orangenbäume verbreiten an winzigen Plätzen ein betörendes Aroma. Kein Wunder, dass das Burgdorf den Urlaubern gefällt. Roberto hält vor einer alten Holztür und klopft mit den Knöcheln einen rhythmischen Code. „Ángel ist mit den Hippies gekommen, die Touristen will er nicht sehen. Deshalb öffnet er nur denjenigen, die das Klopfzeichen kennen", raunt er mir zu, während wir es hinter der Tür rascheln hören. „Da wundert es mich, dass er bei dem Projekt mitmachen will..." Kaum habe ich den Satz beendet, steht ein älterer Mann mit wildem, grauem Lockenkopf im Türrahmen. „Du hast sie aber lange festgehalten", raunzt Ángel Roberto mit rauchiger Stimme an. „Ich hatte ihn gebeten, dich am Eingang in Empfang zu nehmen", sagt er wesentlich freundlicher an mich gewandt. Roberto drückt mir einen Kuss auf beide Wangen und schon ist er verschwunden. „Dieser selbstverliebte Gockel", murmelt Ángel missmutig und bittet mich herein.

Erst jetzt erkenne ich, dass die Wohnung sich direkt in der dicken Burgmauer befindet. Es ist düster, Licht fällt nur aus den Schießscharten ein, die Fenster, die auf die Gassen gehen, hat Ángel mit dickem, dunklem Samt verhängt. Es riecht, als sei tagelang nicht gelüftet worden. Und es dauert eine Weile, bis ich mich an das Zwielicht gewöhnt habe. In dem Zimmer herrscht kreatives Chaos. Bücher, Notizen und Skizzen sind auf dem Sofa und dem großen Holztisch verteilt, dazwischen stehen überall kleine Bronzefiguren. „An meinen Skulpturen arbeite ich oben", sagt Ángel, der meinem Blick gefolgt ist, und schon klettert er flink eine schmale Wendeltreppe hinauf. In der Hoffnung auf etwas Frischluft erklimme ich ebenfalls schnell die ausgetretenen Stufen.

Wir stehen auf der Burgmauer. Es weht eine steife Brise, weit unter uns liegt der Stausee Guadarranque, der Castellar den Kreativen und Alternativen geöffnet hat. „Ich bin davon überzeugt, dass die Politiker die Anwohner nur rausgeworfen haben, weil sie aus der Burg eine Touristenattraktion machen wollten", sagt Ángel, der auch auf den See blickt. „Als wir uns dann in den verlassenen Häusern installierten, war ihnen das natürlich überhaupt nicht recht. Deshalb stellten sie uns Strom und fließend Wasser ab. Da uns das nicht verscheucht hat, tun sie jetzt einfach so, als würden wir nicht existieren. Sie haben alles fein säuberlich renoviert, und jetzt hetzen sie uns die Touristen auf den Hals." „Aber die Symbiose zwischen Künstlern und Besuchern ist doch eigentlich äußerst fruchtbar. Viele kaufen euch doch auch Kunstwerke als Erinnerungsstück ab", wende ich ein. Das sieht Ángel ganz anders, noch während ich meinen Satz vollende, schüttelt er heftig den Kopf. Er klärt mich auf, dass die Besucher sich nur für Kunsthandwerk und nicht für wahre Kunst interessierten. Nur diejenigen würden deshalb von dem Ansturm profitieren, die schnell produzierten und billig verkauften. Er klingt richtig böse. Gerade noch glaube ich, ich hätte es mir mit Ángel verscherzt, da zeigt er in versöhnlichem Ton auf zwei kleine Eisenfiguren, die auf der Mauer stehen. Die erste ist ein Mann, der in einem Käfig auf einen Amboss einschlägt. Die zweite Skulptur stellt zwei Männer dar, die im Kampf miteinander verschlungen sind. Alle drei Männer sehen genau gleich aus, alle haben leidverzerrte Mienen.

Nachdem wir den Fragebogen abgehakt haben, schlägt Ángel mir vor, ihn auf ein paar Tapas zu seinem Freund Diego zu begleiten. Ich habe doch einen besseren Eindruck hinterlassen als gedacht. Diego scheint sich mit der neuen Situation besser arrangiert zu haben als Ángel, mit seiner gemütlichen Bar hat er die Zeichen der Zeit in Castellar erkannt. Aus Eichenfässern serviert er süßen Sherry-Wein, dazu läuft Musik von Paco de Lucía, Tomatito und Camerón de la Isla. Mittags kocht er sich immer eine große Portion Eintopf, seine Gäste können davon eine Tapa bestellen. Fast alle Besucher, die sich in den Dorfgassen verlieren, landen früher oder später auf ein Gläschen Sherry bei Diego. Heute hat er Kaninchen mit Reis zubereitet, und weil Ángel und ich nicht aus dem Schwärmen über seine Kochkünste herauskommen, stellt Diego nicht nur eine Tapa, sondern eine ganze Portion vor uns hin.

Auch Diego lebt seit mehr als zwanzig Jahren in Castellar. Seine Liebe gehört allein dem Flamenco, in Castellar organisierte er jahrelang Festivals, bei denen lokale Größen auftraten, die er nicht selten selbst entdeckt hatte. „Früher, bevor sie alles renoviert haben, da war es viel schöner hier“, sagt er, während er zufrieden beobachtet, wie wir uns an seinem Eintopf laben. „Na ja, natürlich ist es jetzt objektiv schöner, aber früher hatte Castellar mehr Charme. Es war echt etwas los. Heute habe ich das Gefühl, in einem Museum zu wohnen." Als Nachtisch serviert uns Diego Lebensweisheiten, die vor allem an mich gerichtet scheinen. „Man muss öfter mal auf die Stille hören, um nicht am eigenen Leben vorbeizuleben. Am besten zieht man sich allein in die Natur zurück." Beim Abschied legt auch er mir ans Herz, Hermann zu besuchen, wenn ich Castellar besser verstehen will.

„Aus der ganzen Welt kamen die Leute, die hier früher gelebt haben", erzählt Hermann, als ich bei ihm auf dem Sofa einen deutschen Filterkaffee schlürfe. Sein Blick schweift in die Ferne, dorthin, wo der Stausee liegt, und einen Moment lang versinkt er in Gedanken. Hermann ist klein, schmal und hat schulterlanges graues Haar, das er vorne kurz trägt. Das Gesicht ist voller Falten, auf der Nase sitzt eine Nickelbrille, hinter den dicken Gläsern liegen kleine, wache Augen. Im Schnelldurchlauf habe ich fünf weitere Künstler befragt, bevor ich im Laden am Eingang der Burg nach Hermann gefragt habe. Der Verkäufer entlarvte mich sofort als Landsfrau. „Du musst die Straße hinunter gehen, das dritte Häuschen auf der linken Seite ist seines", sagte er in astreinem Deutsch.

Hermann stellt sich selbst als Veteran unter den Deutschen in Castellar vor. Mitte der Siebzigerjahre kam er in die Burg. Er war auf dem Rückweg von Marokko nach Deutschland, durch Spanien musste er nur aus logistischen Gründen. „Eigentlich hätte ich das faschistische Terrain lieber gemieden", erzählt Hermann. „Durch Zufall stieß ich auf Castellar, nachdem ich bei Algeciras mit der Fähre übergesetzt hatte. Es war Liebe auf den ersten Blick." Als Hermann im Jahr 1976 nach Castellar kam, fand er in der Burg nur ein paar Kanadier und US-Amerikaner vor. „Es war der ideale Platz für ein alternatives Lebensprojekt: eine mittelalterliche Dorfidylle inmitten unangetasteter Natur, in der wir ungestört unser Dasein fristen konnten. Ich blieb sofort. Meinen VW-Bus stellte ich auf dem Parkplatz vor der Burg ab und schlug mit meinen Siebensachen in einem der leer stehenden Häuser auf."

„Wart ihr wirklich ungestört?", will ich wissen. Hermanns Blick verfinstert sich. „Irgendwann fand Felipe González, der frühere spanische Präsident, Gefallen an der Burg. Seitdem kann man sich in teuren Landhäusern einmieten und die Guardia Civil macht fast jeden Abend Kontrollen an der Zufahrtsstraße." „Das Hippieleben ist vorbei?" Hermann verzieht die Mundwinkel. „Wenn hier in Spanien jemand Hippie sagt, meint er ‚Nichtsnutz', und das hatte mit uns noch nie etwas zu tun", sagt er und zieht aus einer Kiste, die in einer Schrankwand steht, worin sich mehrere Spiegeljahrgänge stapeln, eine dicke Mappe mit Zeitungsartikeln hervor, jeden einzelnen hat Herrmann akribisch in eine Plastikhülle gesteckt. Davon, wie er und seine Freunde das verlassene Dorf wieder aufbauten, erzählen die Ausschnitte der älteren Jahrgänge, und von einem internationalen Zirkusfestival, das sie in den Burgmauern organisierten. Doch später folgen polemische Zeilen. Die ausländischen Hippies hätten sich unrechtmäßig der Burg bemächtigt, heißt es plötzlich in den Schlagzeilen.

„Da hat Felipe González gemerkt, welchen touristischen Wert dieser Flecken hat", sagt Hermann und klopft mit seinem Zeigefinger auf einen Bericht, die Nickelbrille rutscht auf die Nasenspitze. „Das Burgdorf gehört uns, doch von unrechtmäßig kann keine Rede sein", sagt Hermann schließlich, während er die Brille mit dem Zeigefinger zurechtrückt. Im Grundbuch seines Häuschens sei er als Eigentümer ausgewiesen, erklärt er stolz. „Viele der alten Bewohner sind Ende der Achtziger gegangen, als es ungemütlich wurde. Ein Freund von mir hat sich ein Haus in Jimena de la Frontera gekauft, die meisten gingen nach Deutschland zurück. Geblieben ist der harte Kern."

Gemächlich fahre ich durch den Korkeichenwald zurück zur Landstraße, auf der ich über Jimena nach Gaucín und dann weiter nach Benalauría zu Barbara fahren will. Die späte Nachmittagssonne taucht die Landschaft in ein weiches Orangerot. Eigentlich hatte ich geplant, am selben Nachmittag Anne zu besuchen, die mit der Organisation der Ateliertage in Gaucín beauftragt ist. Doch noch bevor ich den Korkeichenwald verlasse, rufe ich sie an, um den Termin auf den nächsten Tag zu verschieben. Mein Kopf ist voller Eindrücke, und ich muss an Diegos Worte denken. Gewissensbisse, dass ich eventuell nicht effektiv genug gearbeitet habe, wische ich schnell beiseite. „Mañana sera otro día – morgen ist auch noch ein Tag", sage ich mir laut das andalusische Lebensmotto vor und drehe die Musik auf. Paco de Lucías Gitarrenklänge erfüllen meinen Bus.

Als ich bei Barbara ankomme, begrüßt sie mich stumm. Auf dem Kopf trägt sie ein Headset, den Laptop hält sie in der Hand. Seit kurzem gibt sie Englischunterricht über Skype, und ich bin gerade mitten in eine Stunde geplatzt. Lautlos stelle ich meine Sachen ab und verschwinde unter der Dusche. „Was hältst du davon, wenn du mir im Gasthaus Molienda bei ein paar Tapas von deinen Abenteuern erzählst?", fragt Barbara, als ich aus dem Badezimmer komme, der Unterricht ist vorbei.

Kaum haben wir uns in dem gemütlichen Restaurant niedergelassen, klingelt mein Telefon. Jaime, Juan und Ara, die Freundin von Juan, sind gerade in Benalauría angekommen, und auch sie haben noch nicht zu Abend gegessen, die drei gesellen sich gleich zu uns. Bald kreist unsere Unterhaltung nicht mehr um die Künstler, sondern wir reden über Gott und die Welt. Ara ist mir gleich sympathisch. Sie ist sehr klein, hat lange schwarze Locken und einen Gesichtsausdruck, der von einem starken Charakter spricht. Sie arbeitet als Masseurin, hat chinesische Medizin und Homöopathie studiert. Als ich ihr erzähle, dass ich am nächsten Tag die Galerien im Nachbarort besuchen will, ist sie gleich Feuer und Flamme. „Das ist ja total interessant", sagt sie. „Komm doch einfach mit", antworte ich, und sie sagt begeistert zu.

Es ist fast ein Uhr, als ich erschöpft neben Jaime ins Bett falle, eng umschlungen schlafen wir ein. Die Kirchturmglocken wecken uns am nächsten Tag um acht Uhr. Barbara ist bereits wach und sorgt dafür, dass uns ein unwiderstehlicher Kaffeeduft aus den Kissen holt. Jaime wird Juan dabei helfen, seine Ruine zu entrümpeln. In naher Zukunft will er mit dem Wiederaufbau beginnen. Beim Frühstück verabreden wir vage, am nächsten Tag zusammen wandern zu gehen.

„Organic food", „For sale" und „Newspaper". Die Schilder in den Straßen von Gaucín sind fast ausschließlich auf Englisch, der Großteil der Menschen auf den Straßen sieht aus, als sei er nördlich der Pyrenäen geboren. Um zum Haus von Anne zu gelangen, müssen Ara und ich das Straßengewirr von Gaucín hinter uns lassen und eine steile Landstraße bergab fahren. Vor uns erhebt sich der Felsen von Gibraltar, auf der anderen Seite der Meerenge ist das Atlasgebirge zu erkennen.

„Als ich hierher kam, dachte ich, außer uns gebe es hier nur Spanier", erzählt Anne und lacht schallend. Sie kommt aus Irland und ist Künstlerin und Mitglied von Art Gaucín, der Gruppe, die die Ateliertage organisiert. „Wir wurden bald eines Besseren belehrt. Mehrere hundert ausländische Residenten sind in der Gemeinde registriert. Das Gute daran ist, dass viele auch Künstler sind. Beim Einkaufen lernte ich nach und nach die anderen kennen." Anne wohnt in einem geräumigen Steinhaus etwa fünf Kilometer südlich von Gaucín, das weiße Dorf und seine steinerne Maurenburg thronen über ihr.

Für den Besuch bei Anne habe ich mir wieder deutsche Pünktlichkeit auferlegt. Damit lag ich richtig; als wir um Punkt elf Uhr vor ihrer Tür standen, hatte Anne schon einen Tee für uns gekocht. Von Barbaras Projekt ist sie begeistert. Den anderen Mitgliedern von Art Gaucín hat sie eine Rundmail geschickt und sie vorgewarnt, dass ich heute vorbeikommen würde. Besonders ist ihr daran gelegen, dass ich bei Paco vorbeischaue, dem einzigen Spanier bei Art Gaucín. „Wir wollten unbedingt, dass jemand aus dem Ort mitmacht. Schließlich wollen wir mit der Dorfgemeinschaft zusammenarbeiten", erklärt Anne mit ernster Miene. „Aber es gibt leider niemanden außer Paco, der selber künstlerisch arbeitet. Ich wollte auch unbedingt, dass unsere Plakate und Handzettel zweisprachig erscheinen. Die Bewohner sollen schließlich auch kommen. Doch die überwiegende Mehrheit sind Handwerker und Bauern, die früh aufstehen, um hart zu arbeiten. Am Abend schaffen sie es höchstens noch in eine der Kneipen, aber meistens sind sie selbst dafür zu müde."

Doch obwohl die Ateliertage bei den Einheimischen nicht so aufgenommen werden wie erhofft, ist Anne zufrieden. Wieder einmal hat sie es geschafft, dass die Studios der meisten ihrer Künstlerfreunde in Gaucín an einem Wochenende geöffnet haben. „Das ist gar nicht so einfach, denn die meisten Maler, Bildhauer und Fotografen wohnen nicht immer hier, sondern pendeln ständig zwischen Heimatland und Gaucín." Das Open-Studio-Event ist für Anne ein Höhepunkt. Nicht viele Besucher verirren sich zu ihr, aber für diejenigen, die kommen, nimmt sie sich viel Zeit. Heute sind Ara und ich die Ersten.

Seit sie vor ein paar Jahren mit ihrem Mann, einem pensionierten Ingenieur, nach Gaucín gezogen ist, hat sich ihr Leben verlangsamt. „Ich kann jetzt zwar endlich viel Zeit dem Töpfern widmen, aber manchmal fehlt mir das Leben von früher doch. Die Ateliertage sind da eine tolle Abwechslung. Es kommen interessante Menschen von der ganzen Costa del Sol zu uns." Anne ist es wichtig, herauszustellen, dass nicht jeder Kreative in die Künstlergruppe aufgenommen wird. „Alle Mitglieder stimmen demokratisch darüber ab, ob der Anwärter das Zeug dazu hat, an den Open-Studio-Days teilzunehmen. Wir haben auch schon welche abgelehnt, denn wir wollen den Besuchern schließlich wirklich gute Kunst bieten." Bevor ich fahre, ruft sie bei einem befreundeten Künstlerpaar im Ort an, um mich anzukündigen. „Bernd und Naoko machen tolle Sachen", schwärmt sie, als sie uns nach einer knappen Stunde verabschiedet. In Gaucín werde ich mit meinem Zeitplan besser fahren als in Castellar, denke ich, während ich die engen Kurven hinauffahre.

Auch Bernd aus Deutschland und seine japanische Freundin Naoko haben heute den ganzen Tag ihre Haustür für Besucher geöffnet. Die Werkstatt der beiden, ein altes Konvent mitten in der Altstadt des Dorfs, ist voller Menschen, ich schnappe deutsche, englische und französische Wortfetzen auf. Dennoch finden die beiden Zeit für uns, nacheinander, versteht sich. Einer muss sich immer um die Neuankömmlinge kümmern. Die beiden können nur Englisch, Ara versteht von den Ausführungen deshalb leider kaum etwas. Zuerst führt uns Naoko durch das Atelier und zeigt ihre Bilder. Es sind fein gezeichnete Traumlandschaften, in denen ein kleines Mädchen tanzt, schwebt und sich hinterm Mond versteckt. Gleich daneben hängen die skurrilen und schonungslosen Collagen ihres Freundes, auf denen Sicheln und Äxte in Holzköpfe gerammt sind. Naoko ist zierlich, das schwarze Haar rahmt ihr schönes Gesicht akkurat ein. Bernd ist groß und kräftig, sein graues Haar ist schütter, seine Gesichtszüge grobschlächtig. Er war Universitätsprofessor an der Kunstakademie in Glasgow und wohnt schon seit vielen Jahren in dem weißen Dorf am westlichen Eingang der Serranía de Ronda. Seine Lebensgefährtin Naoko hat er bei einem Spanischkurs kennengelernt. „Ich bin eigentlich Sprachwissenschaftlerin. In Japan hätte ich nie daran gedacht, mich dem Malen zu widmen", erzählt Naoko schüchtern. Doch heute lebt auch sie von ihren Pinselstrichen. Sogar in Hongkong hat sie schon ausgestellt. Als Bernd an der Reihe ist, frage ich ihn, wieso er nach Gaucín gekommen ist. Einen kurzen Moment überlegt er, dann sagt er: „Das war Zufall." Schließlich geht er an das große Fenster seines Wohnzimmers, von dem aus man das Meer und die abfallende Hügellandschaft sehen kann. „Das Licht und die Farben der Gegend hier, die sind zum Malen einfach ideal."

Durch die engen Gassen der Altstadt wandern Ara und ich nach dem Besuch bei Bernd und Naoko zur Werkstatt von Paco. „Wenn sie nicht so darauf gedrängt hätten, hätte ich nicht mitgemacht", sagt er gleich bei der Begrüßung. Doch jetzt scheint er das Event in vollen Zügen zu genießen. In seinem Haus ist der Teufel los. Die Besucher schenken den Werken, die wie zufällig an die Wände gelehnt sind, nur manchmal Seitenblicke. Seine Bilder malt er anscheinend am liebsten auf alte Möbelstücke und auf ausrangierte Haustüren. Alle Anwesenden, die meisten sind Spanier, sind in Gespräche vertieft, ein Glas Wein in der Hand. Wie ein Künstler sieht auch Paco auf den ersten Blick nicht aus. Er ist um die fünfzig, klein, kräftig und braungebrannt. Immer, wenn Anne die Truppe zusammentrommelt, öffnet Paco die Türen seines Ateliers. Die Terminfrage ist für ihn kein Problem. „Ich bin sowieso immer da", sagt er. Als ich mich vorstelle, weiß er erst nicht recht, um was es geht. Die E-Mail von Anne scheint bei ihm nicht angekommen zu sein. Doch ich überzeuge ihn schnell von Barbaras Projekt. „Hombre, ist das toll, dass du Spanisch sprichst", sagt er mit echter Begeisterung in der Stimme, kaum habe ich uns vorgestellt. „Mit den meisten meiner Künstlerfreunde kann ich mich leider nicht unterhalten." Eine feine Ironie schwingt in seiner Stimme.

Auch ihn frage ich, wieso wohl so viele ausländische Künstler seinen Geburtsort zum Leben aussuchen. „Gaucín war schon immer beliebt bei den Ausländern. Der Ort liegt genau auf der Route des Camino de los Ingleses", sagt Paco und beginnt dann eine lange Rede über die Schönheit seines Dorfs, über dessen perfekte Lage und über die Rolle in der Geschichte. Keine Frage, Paco ist in seine Heimat verliebt. „Im 17. Jahrhundert war es in England Mode, als junger Aristokrat eine Bildungsreise zu unternehmen. Die Tour startete meistens in London und führte über Paris in die Schweiz und nach Deutschland. Als mit dem Bau der ersten Eisenbahnen diese Reiseroute auch für Mitglieder der Bürgerschicht zugänglich wurde, kamen die britischen Aristokraten nach Südspanien, um unberührte Gegenden zu erkunden. Die beliebteste Route führte von Gibraltar nach Ronda", erzählt Paco, fast ohne Luft zu holen. Jeder Versuch meinerseits auf seine Kunst zu sprechen zu kommen, erstickt er im Keim. „Das einzige Risiko waren in Andalusien die Bandoleros, die Wegelagerer, die die reiche Beute bald entdeckten. Doch diese romantischen Räuber konnten die Briten nicht von ihren Vorhaben abbringen, später kamen auch Franzosen dazu. Im Morgengrauen starteten sie in Gibraltar, um am frühen Abend in Gaucín haltzumachen. Am nächsten Morgen ging es dann weiter nach Ronda." Paco unterbricht sich und verschwindet, ohne ein Wort zu sagen, in dem Menschengetümmel; vorsichtshalber bleiben wir stehen. Ara angelt vom Buffet zwei Weingläser für uns und wir stoßen auf den interessanten Tag an.

Als Paco zurückkommt, hat er ein Buch in der Hand. Mit triumphierendem Blick zeigt er auf den Titel. „Carmen" steht dort, Autor ist Prosper Merimée. „Eine Gitana aus Gaucín hat ihn zu dieser Gestalt inspiriert." Dann erzählt uns Paco, er sei über die Ankunft der Ausländer sehr froh. „Sie interessieren sich für das Dorfleben und wollen es erhalten. Der ursprüngliche Charme der Gegend hat sie schließlich hierher geführt. Und sie lassen eine Menge Geld da." Er lädt uns ein, auch bei den Tapas zuzulangen, die er für seine Gäste hergerichtet hat. Bevor wir gehen, beobachten wir noch ein wenig, wie Paco seinen Freunden aus dem Dorf Diskurse über die Schönheit seiner Heimat hält; währenddessen essen wir belegte Brötchen. Als wir uns verabschieden, sagt er halb zu uns, halb zu sich selbst: „Wenn die Ausländer nicht wären, würde es unser Dorf vielleicht bald nicht mehr geben." Er greift zu seinem Weinglas und vertieft sich wieder ins Gespräch mit seinem Nachbarn.

Gegen fünf Uhr nachmittags sind Ara und ich wieder in Benalauría. Wir holen Barbara ab und wandern gemeinsam zu Juans Finca, wo wir Juan und Jaime bei einer Siesta unter einem der Olivenbäume überraschen. Die Ruine sieht kaum besser aus, als ich sie in Erinnerung habe. „Was habt ihr denn gemacht?", frage ich die beiden, während die sich die Augen reiben. „Wir haben hart gearbeitet. Aber das hat die Baubranche eben so an sich. Resultate sieht man meistens erst nach ein paar Tagen Schufterei", rechtfertigt sich Jaime. Juan zieht mich zu dem Steinhaufen und erklärt mir genau, wie sein Rückzugsort aussehen soll. Wieder im Ort ziehen Barbara und ich uns zurück, wir wollen über die ersten Interviews sprechen. Die beiden Männer und Ara verschwinden in der Küche, um das Abendessen herzurichten.

Wir verabreden, dass ich ihr in den nächsten Tagen die ausgefüllten Fragebögen und die Fotos per E-Mail zusende. Bevor wir ins Wohnzimmer zurückkehren, drückt sie mir eine lange Liste mit Namen und Telefonnummern von Künstlern in die Hand, die in Dörfern in der Nähe von Málaga wohnen. Zum Abendessen gibt es Tortilla und Salat. „Morgen zeige ich euch die schönsten Pfade durch die Kastanienwälder und am Fluss Genal", erklärt Juan, bevor wir alle unter der Bettdecke verschwinden.

Mai

Der Lebenstraum unter der andalusischen Sonne

Ich weiß nicht, wer von uns beiden aufgeregter ist. Es ist ein heißer Tag, viel zu warm für die Jahreszeit. Mit meiner blickdichten schwarzen Strumpfhose unter dem bunten Rock habe ich bei der Kleiderwahl eindeutig danebengegriffen. Ich spüre, wie meine Wangen erröten. Jaime und ich stehen vor der Haustür seiner Eltern, die Mutter hat uns zum Paella-Essen eingeladen. Es ist das erste Mal, dass wir uns begegnen.

„Erschrick nicht, ich komme aus einem sehr einfachen Elternhaus", bereitete er mich seit Tagen auf das Treffen vor. „Das ist mir egal", wiederholte ich. Das Viertel, in dem Jaime aufgewachsen ist, zählt ohne Zweifel zu den benachteiligten Gegenden von Málaga. Dicht an dicht drängen sich die niedrigen, heruntergekommen Häuser auf einem Hügel im Norden der Stadt. Einige der Straßen sind nur notdürftig asphaltiert. Und auch das Häuschen von Jaimes Eltern hat bessere Zeiten erlebt, die Farbe der Fassade blättert ab, in einem Fenster fehlt die Scheibe. Trotzdem besitzt das Viertel Charme. Es gibt keine Hochhäuser, jedes Haus hat eine andere Form, einen anderen Anstrich und andere Fenster.

„Hier leben die Arbeiter, die aus den Dörfern in die Stadt gezogen sind, jeder hat sein eigenes Haus gebaut. Als ich ein Kind war, gab es die meisten der Häuser noch nicht, und keine Straße war asphaltiert. Gleich hinter unserem Haus war eine Wiese", erzählt Jaime, während wir darauf warten, dass sich die Türe öffnet. Jetzt sehe ich nur ein nicht enden wollendes Häusermeer. „Ya voy – Ich komm schon", erklingt endlich eine alte Stimme. Einen langen Moment war zuvor im Inneren des Hauses nichts zu hören. Das Schloss springt auf und vor uns steht ein kleines, rundliches Mütterchen mit freundlichem Gesicht. „¡Hola!" Sie begrüßt mich überschwänglich, umarmt mich fest. Mit ihr empfängt uns ein unwiderstehlicher Duft nach Paella. Als wir in das Häuschen treten, vermischt sich das Aroma mit dem strengen Geruch von Reinigungsmittel. Anscheinend hat Jaimes Mutter unseren Besuch auch zum Anlass genommen, das gesamte Haus mit Lejía, einem Chlor-Reiniger, zu scheuern. In keinem andalusischen Haushalt fehlt dieses Wundermittel, es gibt keinen ordentlichen Hausputz ohne – auch wenn die Nase beißt und die Augen brennen.

„Setzt euch, das Essen ist fertig." Jaime führt mich in das winzige Wohnzimmer, das ein niedriger, bereits gedeckter Tisch komplett ausfüllt. Ein durchgesessenes Sofa begrenzt den Tisch an zwei Seiten, am Kopfende in prominenter Position der Fernseher, aus dem lautstark Nachrichten dröhnen. Jaime fischt die Fernbedienung aus den Tiefen der Sofaritzen hervor und dreht die Lautstärke herunter. „Meine Eltern sind leider schon annähernd taub", sagt er entschuldigend. „Setz dich, ich helfe meiner Mutter in der Küche." Brav folge ich seinen Anweisungen und versinke im Sofa.

Gerade als ich mein Gesicht dem Nachrichtensprecher zuwenden will, schrecke ich jäh auf. „Du bist also die Freundin von meinem Sohn", sagt eine krächzende, laute Stimme. Sie gehört einem kleinen Mann mit runzligem Gesicht, der plötzlich im Türrahmen erschienen ist. Obwohl ich in den Kissen eingegraben scheine, schaffe ich es in Sekundenschnelle zu stehen. Ich bereue es sofort, denn ich überrage Jaimes Vater um mehr als einen Kopf. Ich bücke mich und gebe ihm zwei Küsschen, dann lasse ich mich wieder in die Kissen fallen. „Wir haben viel von dir gehört", sagt er. Ich lächle unsicher. „Wie gefällt dir Málaga?", fragt er. Ohne eine Antwort abzuwarten, fährt er fort: „Bestimmt viel besser als das kalte Deutschland. In Málaga haben wir das perfekte Klima. Es gibt keinen besseren Ort zum Leben …" Gerade als er mit durchdringender Stimme eine Lobeshymne auf seine Stadt anstimmen will, kommt Jaime mit einer riesigen Pfanne herein. Es sieht so aus, als erwarteten wir noch zehn weitere Gäste.

„Jetzt werden wir erst einmal essen", sagt er, die Paella noch in der Hand, besänftigend zu seinem Vater. Hinter Jaime steht seine Mutter, einen Teller mit Garnelen und einen mit Miesmuscheln bei sich tragend. Voller Vorfreude blicke ich auf das Essen, bemerke dabei aber auch, wie die Mutter mich nicht aus den Augen lässt. Sie schnappt sich meinen Teller und leert drei riesige Schöpflöffel Reis darauf. Das Gleiche tut sie mit den Tellern von Jaime und ihrem Mann. Sich selbst hingegen serviert sie nur eine kleine Portion. Und während wir uns über den Reis hermachen, beobachtet sie jede unserer Bewegungen. Lässt einer von uns den Löffel kurz sinken, ermuntert sie ihn mit „¡Come, come! – Iss, iss!"-Rufen.

Mein Freund hat mich vorgewarnt, dass sich bei seiner Mutter alles ums Essen dreht. Diese Eigenschaft scheinen alle andalusischen Mamas zu teilen. Jaimes Mutter ist in der Zeit nach dem Spanischen Bürgerkrieg in einem Dorf aufgewachsen, die Nahrung war immer knapp. Mit neun Jahren schickten ihre Eltern sie in die Stadt, wo sie gegen Kost und Logis bei einer reichen Familie in der Küche arbeiten musste. Als sie viele Jahre später ihre eigene Familie gründen konnte, musste der Kühlschrank immer voll sein, Hunger sollte in ihrem Haus nie mehr jemand leiden. „Dass die Zeiten der Nahrungsknappheit vorbei sind, ist bei ihr leider noch nicht angekommen", hat Jaime gesagt und hinterhergeschoben: „Wenn jemand viel und gern isst, hat er sie schon für sich gewonnen."

Das ist mein Fall, Essen gehört für mich zu den größten Vergnügen, die das Leben bereithält. Nach der Riesenportion Paella, den Garnelen und den Miesmuscheln tischt Jaimes Mutter Milchreis auf. Obwohl ich das Gefühl habe, gleich zu platzen, vertilge ich eine große Portion in dem Wissen, dass prüfende Mutter-Augen auf mir ruhen. Doch kaum habe ich den Löffel abgelegt, stellt sie die Gretchenfrage. „Kochst du auch gern?" Kurz druckse ich herum – ich weiß schließlich, was sie hören will –, und dann sage ich vorsichtig: „Ehrlich gesagt, ich koche nur sehr selten." Das erste Mal verschwindet ihr freundliches Lächeln. Jaime scheint den Ernst der Lage nicht zu erkennen, denn sein Blick ist wie gebannt auf den Fernseher geheftet. Mein voller Bauch scheint mich noch tiefer in das Sofa zu drücken. „Was esst ihr denn dann?", fragt sie. Ich zweifle noch, ob es jetzt angebracht ist zu sagen, dass wir fast täglich in einem der Gasthäuser einkehren, in denen für fünf Euro ein ganzes Menü serviert wird, da kommt Jaime mir zuvor. „Wir gehen essen, Mama", sagt er ungeduldig. Damit ist das Gespräch beendet. Jaime ist der Prinz im Haus, wenn er ein Machtwort spricht, ist das Thema erledigt. Daran, dass die Mutter zu diesem Thema noch nicht das letzte Wort gesprochen hat, zweifele ich aber nicht. Tatsächlich drückt sie mir zum Abschied ein Buch in die Hand. „Moderne Enzyklopädie der Frau" steht auf dem roten Plastikumschlag. Als ich es aufschlage, blicken mir Schwarz-Weiß-Fotos von Gerichten entgegen. Es ist ein Kochbuch. Verlegen bedanke ich mich für Essen und Buch.

„Nimm es ihr nicht übel", versucht Jaime mich zu beruhigen, als wir zu Hause sind. „Sie kann nicht aus ihrer Haut heraus. Schließlich ist sie fast siebzig." Den Ärger, der sich auf der Vespafahrt angestaut hat, schlucke ich herunter. „Solange sie mich wegen meiner mangelnden Hausfrauenqualitäten nicht als untaugliche Frau erklärt und es für dich in Ordnung ist, dass ich keine Küchenfee bin, kann ich mit den Anspielungen leben." Jaime nimmt mich in den Arm und sagt mit breitem Grinsen: „Na ja, so jeden zweiten Tag könntest du schon was auf den Tisch zaubern." Gegen meinen Willen verliere ich bei dem Thema jeglichen Humor. „Dann such dir doch eine spanische Hausfrau", gifte ich ihn an. „Hey, das war doch nicht so gemeint", beschwichtigt er. „Ich habe eine Idee. Lass uns nach Córdoba fahren. Dort wird gerade das Patio-Festival gefeiert. Das gefällt dir bestimmt." Es ist Freitag, und nach dem üppigen Essen bei den Eltern hat er beschlossen, heute nicht mehr ins Büro zurückzukehren. Augenblicklich hebt sich meine Stimmung. „Jedes Jahr im Frühling schmücken die Bewohner der Altstadt von Córdoba traditionell die Innenhöfe um die Wette. In den ersten beiden Maiwochen stehen dann die Tore zu den normalerweise hermetisch verschlossenen Höfen, den Patios, Besuchern offen. Es muss wunderschön sein, ich war selber noch nie dort." Ich will mich sofort daranmachen, meinen Rucksack zu richten, da sagt Jaime: „Nach dem opulenten Mahl brauche ich aber erst einmal eine Siesta." Er hat recht, ich geselle mich zu ihm aufs Sofa und es dauert nicht lange, da schlafen wir beide tief.

Als wir am nächsten Morgen im Altstadtviertel von Córdoba ankommen, ist es brütend heiß. Dabei haben die Kirchturmglocken gerade erst neun Uhr geschlagen. Die Frühlingssonne scheint im Landesinneren viel stärker als an der Küste, und es wirkt fast so, als wollte das alte Pflaster die Wärme speichern. Nach unserer langen Siesta am Vortag sind wir früh aufgewacht und noch vor dem Frühstück aufgebrochen. Jaime wollte so bald wie möglich los, um die Innenhöfe vor den Besuchermassen zu erreichen, die zum Anlass des Patio-Festivals über Córdoba herfallen wie Heuschrecken.

Jetzt ist noch kaum jemand unterwegs. Ein paar einsame Touristen nutzen die frühe Stunde, in der man umsonst in die Mezquita darf. Zuerst steuern wir auf eine Bar zu. Nachdem wir uns mit einem frisch gepressten Orangensaft, getoastetem Baguette mit Tomate und Öl gestärkt haben, fragen wir den Kellner nach den Patios. Kurz angebunden, aber freundlich drückt er uns einen Stadtplan in die Hand, in dem alle teilnehmenden Innenhöfe eingezeichnet sind. Gegenüber der ehemaligen Königsresidenz Alcázar liegt der nächstgelegene Innenhof, aus dem Plan geht hervor, dass er den ersten Preis als „moderner Patio" gewonnen hat. In dem Stadtplan finde ich auch einen schönsten „alten Patio". Nein, Jaime kann mich über die Unterschiede nicht aufklären, also machen wir uns auf den Weg zu dem Innenhof. Dort wird man ja die Antwort bestimmt wissen. In dem Patio ist es kühl, keine Spur von der Hitze auf dem Pflaster vor der Mezquita. Die Sonnenstrahlen, die uns gerade noch den Schweiß auf die Stirn getrieben haben, dringen kaum bis zum Boden vor, alles ist voller bunter Blüten, und die Pflanzen sorgen für eine hohe Luftfeuchtigkeit.

Jaime und ich blicken uns begeistert um. Da entdecke ich in dem Pflanzenmeer eine zierliche alte Dame, die sich tief über einen der unzähligen kleinen grünen Blumentöpfe beugt, die an den Wänden hängen. Ohne uns zu beachten, greift sie zu einer ebenfalls grünen Gießkanne, die an einem langen grünen Stab befestigt ist, und beginnt mit Bedacht ihre Blumen zu gießen. „Buenos Días", sage ich laut, um sie auf uns aufmerksam zu machen. Aber erst, als Jaimes sonore Stimme erklingt, blickt sie auf. „Oh, ich habe euch gar nicht gesehen", sagt sie freundlich. „Wir wollten fragen, worin der Unterschied zwischen modernem und altem Patio besteht", frage ich sie, nachdem wir die Schönheit ihres Patios ausgiebig gepriesen haben. Die Dame seufzt laut und erklärt dann: „Nur die Gebäude, die zwei Stockwerke haben, bei denen eine Eisentür vom Patio aus den Blick auf die Straße freigibt, deren Fassade leicht asymmetrisch ist und deren Wände allesamt weiß gekalkt sind, gelten als ‚alt'. Wie alt ein Haus wirklich ist, spielt bei der Einteilung keine Rolle." Tatsächlich hatten Jaime und ich den Eindruck, in einem sehr alten Innenhof zu stehen, als wir hereinkamen. Alle Kriterien, die die Frau aufgezählt hat, passen auf den ersten Blick auch auf ihren Patio. „Bei den ‚modernen' Patios ist meistens nur eine Kleinigkeit anders, bei uns zum Beispiel ist eine Wand teilweise gefliest und nicht gekalkt", fährt sie fort, in ihrer Stimmung klingt Enttäuschung mit. „Ist es denn besser, als ‚alter Patio' zu gewinnen?", frage ich sie deshalb. „Die Kategorie der alten Innenhöfe ist die Königsdisziplin des Festivals." Ihre Antwort kommt wie aus der Pistole geschossen. „Für die Stadt ist die Unterscheidung sehr wichtig, denn die Tradition soll, soweit es geht, gewahrt werden. Jede Veränderung, so heißt es, ist ein Kulturverlust", sagt sie. „Die Preisgelder für die ‚alten Patios' sind deshalb auch viel höher als für die ‚modernen'."

Und mit unübersehbarem Stolz erklärt sie uns weiter, dass sie nicht das erste Mal einen Preis gewinnt. Regelmäßig zählte ihr Innenhof in den vergangenen Jahren zu den schönsten in der ganzen Stadt. „Die Vorbereitungen für den Wettbewerb sind anstrengend", sagt die zierliche Frau. „Jedes Mal denke ich dann, nächstes Jahr tue ich mir das nicht mehr an. Aber wenn es wieder so weit ist, kann ich nicht widerstehen. Ich genieße das Ambiente des Festivals sehr. Der Besuch des Auswahlkomitees in der ersten Festivalwoche ist sicher das Aufregendste für uns. Das Schönste aber sind die begeisterten Besucher, die sich an unseren Blumen freuen. Für das Lob und die Anerkennung lohnt es sich, jedes Jahr wieder die Mühen auf mich zu nehmen." Sie strahlt über das ganze Gesicht. Als ich sie frage, wie sie es schafft, dass alle Blumen genau am Tag des Besuchs des Auswahlkomitees besonders prächtig sind, antwortet sie kokett: „Meine Geheimtipps gebe ich natürlich nicht weiter." Zum Schluss will ich noch wissen, wie der Patio-Wettbewerb begann. „Fragt in der Judería nach Josefa, sie ist von Anfang an dabei. Sagt, dass ihr von Isabel kommt."

Draußen haben sich inzwischen die Touristenscharen des Gassengewirrs bemächtigt. Wie in der maurischen Blütezeit bieten in der Judería die Händler ihre Ware feil. Nur dass es jetzt meist Katholiken sind, die bedruckte T-Shirts und Schürzen mit maurischen Symbolen verkaufen und in Teeräumen süßen grünen Tee mit Minze servieren. Zielstrebig erfragen wir uns den Weg zum Patio von Josefa. Sobald wir von der geschäftigen Straße durch das Eisentor des Patios treten, lassen wir die Hektik hinter uns. Ein kleiner Brunnen plätschert, und rosa, rote, blaue und gelbe Blumen in grünen Töpfen strahlen von der Wand um die Wette. Bis unters Dach hängen auch hier die Blumentöpfe. Ein Besucher unterhält sich gerade mit einer etwa fünfzigjährigen Frau. „Einen Patio zum Wettbewerb zu präsentieren bedeutet ein ganzes Jahr lang Arbeit", sagt die Frau. „Im Herbst müssen die Pflanzen überwintert, zugeschnitten und gedüngt werden. Im Winter werden die Wände gekalkt und die Töpfe neu lackiert. Und im Frühling beginnt dann die richtige Arbeit." Sie erzählt noch ausführlich vom Umtopfen, vom Gießen und von der täglichen Pflege.

Als das Gespräch beendet ist, frage ich sie zaghaft: „Josefa?" Die Frau runzelt ihre Stirn: „Wollen Sie mit meiner Schwiegermutter sprechen?" „Isabel hat uns geschickt. Sie meinte, Josefa sei der beste Ansprechpartner, um mehr über die Geschichte des Wettbewerbs zu erfahren", sagt Jaime. „Sie müssen wissen, dass meine Schwiegermutter schon achtundneunzig Jahre alt ist." Jaime und ich sehen sie entgeistert an. „Achtundneunzig?", wiederhole ich. „Und sie macht noch die ganze Arbeit?" „Früher hat Josefa immer gesagt, sie wolle nur einmal im Leben unter den Gewinnern sein, dann werde sie aufhören. Aber auch wenn sie das vor ein paar Jahren geschafft hat, ist sie jedes Jahr wieder dabei. Es scheint wie eine Sucht zu sein", sagt ihre Schwiegertochter. „Die Vorbereitung ist zwar mühsam, aber auch sehr unterhaltsam, gerade wenn der Patio mehreren Familien gehört, so wie bei uns. Für Josefa ist er vor allem ein soziales Ereignis. Ich helfe ihr zusammen mit den Töchtern bei der Pflege. Aber wenn es ihr nicht so viel Spaß machen würde, wäre ich nicht dabei."

Die Frau macht Anstalten zu gehen, da ist plötzlich eine hohe, zittrige Stimme zu hören. „Das Leben ändert sich. Kaum jemand hat heute noch Zeit für Blumen." Eine hagere Gestalt steht im Türrahmen, dem Alter nach zu urteilen Josefa. Wie lange sie schon dort steht, kann ich nicht sagen. Den letzten Teil unseres Gesprächs hat sie in jedem Fall verfolgt. „Oder besser gesagt, keiner will sich die Zeit nehmen. Dabei gibt es nichts Schöneres, als mit den Pflanzen zu leben!" Josefa bittet uns an einen weiß lackierten Eisentisch, sie hat Lust mit uns zu reden. Auch die Schwiegertochter gesellt sich dazu. Wir erfahren, dass Josefa beim Patio-Festival dabei ist, seit im Jahr 1933 eine Gruppe von Nachbarn zum ersten Mal dazu aufrief, die Innenhöfe um die Wette zu schmücken. „Nur während des Bürgerkriegs fiel der Wettbewerb aus", erzählt Josefa. „An dem Wettbewerb hat sich kaum etwas verändert, selbst die Teilnehmer sind über die Jahre zum Großteil dieselben geblieben."

Josefas Schwiegertochter erzählt, dass die Tradition der mediterranen Häuser, die um einen Innenhof angelegt sind, aus der Römerzeit stammt, wo jedes Haus ein Atrium hatte. „Die aktuelle Form der Patios in Córdoba geht aber auf die Mauren zurück. Die drei Elemente Luft, Wasser und Vegetation bestimmten den maurischen Wohnraum. Hier ist das noch heute so." Kaum hat sie das gesagt, holt sie tief Luft, als wolle sie beweisen, wie groß der Erholungsfaktor ist. Wir tun es ihr gleich. Und tatsächlich sind alle Patios, die wir im Lauf des Tages besuchen, Oasen der Ruhe, wo Wasser gurgelt, Blumen duften und ein angenehmes Lüftchen weht. Leider müssen wir aber noch am selben Abend zurückfahren. Nicole hat mich angerufen, ich müsse dringend einen Termin für die Zeitung übernehmen.

Die Sonne verschwindet langsam im Meer und taucht das elegante Anwesen im Osten Marbellas in ein weiches Orange. Die Villa liegt auf einer Anhöhe, davor erstreckt sich eine sanfte Hügellandschaft, in der sich mehrere nicht minder elegante Häuser verteilen. Und dahinter liegt das Meer. Um einen türkis schimmernden Pool sind weiße Stühle angeordnet, ein mit rotem Tuch ausgelegter Laufsteg führt aus dem Inneren der Villa quer über den Pool. Männer in eleganten Anzügen und Frauen in Abendkleidern treten auf die Terrasse, ein Kellner im Smoking serviert Häppchen und Getränke. Untermalt wird die Szene von Latino-Jazz-Klängen. Ich befinde mich auf einem Charity-Event der ausländischen Gemeinde an der Costa del Sol. Mit einem Galaabend soll Geld für einen Wohltätigkeitsverein gesammelt werden. Eine Modenschau und eine Tombola stehen auf dem Unterhaltungsprogramm. Nicole hat mich am Nachmittag gebeten, einen Bericht über die Veranstaltung zu schreiben. Später soll ich dann noch zum Geburtstag eines betagten Architekten rasen, weil dessen Foto ebenfalls unbedingt in die nächste Ausgabe muss. „Die Society-Reporterin ist krank geworden und die Events müssen wir mitnehmen", flehte sie mich an. Ihr Tonfall ließ mir keine Wahl. Aber auch wenn sie weniger gedrängt hätte, hätte ich wahrscheinlich angebissen. Ich bin äußerst neugierig, wie ein solches Event abläuft.

Während ich noch fasziniert die schicke Szenerie beobachte, werde ich plötzlich auf eine junge Frau aufmerksam, die verlegen in die Runde blickt und deren Kleidung darauf schließen lässt, dass sie für gewöhnlich auf dieser Art von Feier nicht zu Gast ist. Von der Organisatorin erfahre ich, dass es sich um die Abgesandte der Behindertentagesstätte handelt, die mit dem Erlös der Gala unterstützt werden soll. Ich gehe auf sie zu. Sie freut sich, mit jemandem zu reden. Bereitwillig erzählt sie mir, dass sie Psychologin ist und behinderte Kinder und Erwachsene betreut, die in der Einrichtung die Tage verbringen. „Das ist keine leichte Aufgabe, weil der Staat nur sehr wenig Geld in seinem Haushaltsplan für soziale Zwecke dieser Art vorsieht. Wir sind chronisch unterbesetzt", erklärt sie.

Dann ruft die Organisatorin. Sie heizt den Gästen ein, Lose für die Tombola zu erwerben, die Psychologin muss danebenstehen und Auskunft über ihre Arbeit geben. Inzwischen führen Laienmodels aller Altersstufen Designermode für jeden Anlass vor. Von der durchgestylten Armyjacke über das luftige Sommerkleid bis zur eleganten Abendgarderobe ist alles vertreten. Die Stimmung wird immer ausgelassener, der Sekt fließt in Strömen. Ein Mann beginnt sogar die anwesenden Damen mit dem edlen Tropfen zu bespritzen, jauchzend laufen sie davon. Der Abend überschreitet mein Vorstellungsvermögen. Ich blicke auf die Uhr. In einer halben Stunde beginnt am anderen Ende der Stadt die Geburtstagsfeier, ich muss los. Schnell verabschiede ich mich bei Veranstalterin und Psychologin. Meinen VW-Bus habe ich weit abseits abgestellt, er passte nicht wirklich neben die Mercedes, Porsches und Bentleys, die vor der Villa vorfuhren.

Das Panorama auf dem Parkplatz des Nobelrestaurants La Meridiana-La Notte, gelegen in einer der elegantesten Siedlungen Marbellas, sieht nicht anders aus. Ein paar Rolls-

Royce haben sich hier noch dazugesellt. Als ich Anstalten mache dazwischen einzuparken, stürmt ein Mann in Frack aufgeregt auf mich zu. „Der Parkplatz ist nur für geladene Gäste, der Personaleingang ist auf der anderen Seite", sagt er aufgeregt, seine Stimme überschlägt sich. „Ich habe eine Presseeinladung bekommen", entgegne ich und bereue, dass ich meinen Bus nicht wieder ein paar Straßen weiter unten abgestellt habe. Ohne zu antworten, macht der Mann auf dem Absatz kehrt und positioniert sich am Eingang der Disko; ein Rolls-Royce ist gerade angekommen. Mit tiefer Verbeugung öffnet er die Tür. Ein greiser Herr steigt aus, in jedem Arm eine junge schwarze Schönheit. Der Frackträger parkt den eleganten Wagen in bester Gesellschaft neben Porsche und Mercedes, während das Trio im Inneren des Dolce-Vita-Tempels verschwindet. Schnell steige ich aus meinem Wagen aus und folge dem Trio, bevor der Portier mir weitere Fragen stellen kann. Mein Name steht auf der Gästeliste, und ein ebenfalls befrackter Kellner führt mich zu einem Tisch, an dem bereits fünf andere junge, herausgeputzte Frauen sitzen. Sie alle schreiben für eines der Hochglanzmagazine, die in Marbella und Umgebung Luxusprodukte anpreisen und der besseren Gesellschaft als Selbstdarstellungsplattform dienen. Ich finde bald heraus, dass der Greis aus dem Rolls-Royce das Geburtstagskind ist. An seinem Tisch reihen sich neben den schwarzen Schönheiten noch mehr junge Frauen aneinander, die in albernes Lachen ausbrechen, sobald der alte Mann ihnen etwas ins Ohr flüstert.

Ich vertilge das köstliche Vier-Gänge-Menü, schieße ein paar Fotos und mache mich dann schnell aus dem Staub. Die Doppelpackung Auslandsdeutsche hat mich von meiner Neugier kuriert, ich bete inständig, dass Nicole nicht vorhat, mich regelmäßig zu solchen Veranstaltungen zu schicken.

Am nächsten Tag erzähle ich meiner Freundin Esther am Telefon von meinem Besuch beim ausländischen Jetset. „Ich würde so gern über ernsthaftere Themen schreiben", jammere ich gerade, da unterbricht sie mich jäh. Mit verschwörerischem Tonfall sagt sie, sie hätte da vielleicht etwas für mich. „Eine befreundete Sozialarbeiterin, die in der Obdachlosenherberge von Málaga arbeitet, hat mir erst vor kurzem erzählt, dass immer mehr Deutsche und Engländer zu ihr kommen." Sie macht eine theatralische Pause und fährt dann fort. „Viele hatten früher Arbeit und Wohnung, haben sich dann verspekuliert und jetzt alles verloren." Das ist genau das, was ich gesucht habe. „Wie kann ich sie erreichen?", frage ich Esther sofort. „Sie heißt Leonor, und wir haben zusammen an der Universität von Granada studiert ..."

Wenige Tage später stehe ich gegenüber dem Obdachlosenheim in Málaga. Es ist ein grauer Kasten, umgeben von einem Eisenzaun. Ein etwa ein Meter breiter Grünstreifen zwängt sich zwischen Kasten und Zaun. Das Gebäude hat den Charme eines Gefängnisses. An der Straße gibt es mehrere Bänke, auf jeder sitzen und liegen Menschen, sie alle scheinen auf etwas zu warten. Unsicher gehe ich auf den Eingang zu, an der Pforte frage ich nach Leonor. Der Wachmann sieht mich skeptisch an. „Sind sie Nutzer unserer Installationen?", fragt er mich forsch. Da ich nicht sicher bin, ob Leonor bei der Direktion angekündigt hat, dass eine Journalistin kommen wird, sage ich nur, dass ich eine Freundin bin.

Kaum habe ich mich auf einem der Stühle im Eingangsbereich niedergelassen, höre ich schon meinen Namen. Vor mir steht eine kleine, schmale Frau mit dunklen Locken und wachen Augen. Leonor ist mir sofort sympathisch. „Lass uns in mein Büro gehen." Schon auf dem Weg legt sie los: „Seit etwa zwei Jahren kommen immer mehr Deutsche in die Herberge. Letztes Jahr waren rund fünfzig Deutsche da, dieses Jahr sind es jetzt im Mai schon fast vierzig. Sie sind mittlerweile nach Spaniern, Marokkanern, Rumänen und Bulgaren die fünfthäufigsten Besucher der Obdachlosenherberge, Tendenz steigend", informiert sie mich. „Gerade betreue ich zwei deutsche Männer und eine Frau. Aber es ist schwierig, ihnen zu helfen, denn sie sprechen kein Spanisch. Außerdem sind die meisten Alkoholiker." Leonor erklärt mir, dass gerade nur einer in der Herberge wohnt. Dort dürfen sie nämlich nur zwei Tage hintereinander bleiben, weil die Anfrage sehr groß ist. „Aber immer wenn ich am Abend Schicht habe und mit dem Bus losfahre, um Obdachlose von der Straße zu holen, sehe ich sie irgendwo." Sie zeigt mir die Gegebenheiten – ein Männer- und ein Frauentrakt, viele Zimmer mit mehreren Hochbetten, Gemeinschaftsbäder. Dann erklärt sie mir, wo sie die Deutschen zuletzt gesehen hat. Bevor wir uns verabschieden, sagt sie noch: „Lass uns mal zusammen ein Bier trinken, dann erzählst du mir, wie deine Recherchen gelaufen sind."

Am nächsten Morgen bin ich früh am Stadtmarkt von Málaga, am Mercado de Atarazanas. Dort soll nach Leonors Aussage regelmäßig ein deutsches Paar sitzen. Und wirklich entdecke ich in einer Ecke einen Mann, der dem Äußeren nach Deutscher sein könnte. Er sitzt auf dem Boden, eine Hand hält er auf, ab und zu schaut er den Vorübergehenden flehend in die Augen. Der Mann sieht nicht aus wie ein Obdachloser. Seine grauen Haare sind ordentlich gekämmt, er ist frisch rasiert, Jeans und Kunstlederjacke wirken sauber. Nachdem ich ihn eine Zeitlang beobachtet habe, sage ich: „¿Es usted alemán?" Keine Antwort, nur ein fragender Blick. Als ich die Frage auf Deutsch wiederhole, „Sind sie Deutscher?", sieht er mich erleichtert an und nickt. „Darf ich sie zum Frühstücken einladen?" Er runzelt die Stirn, überlegt dann aber nicht lange und sagt: „Ja, gern." Dann schiebt er hinterher: „Meine Freundin sitzt dort hinten ..." Wir holen sie ab und bahnen uns, ohne ein Wort zu wechseln, einen Weg an den Hausfrauen vorbei, die um die Uhrzeit in Scharen den Tageseinkauf erledigen.

Ich bestelle den beiden Kaffee und belegte Brötchen. Während sie hungrig darüber herfallen, erkläre ich ihnen, dass ich Journalistin bin und erfahren habe, dass immer mehr Deutsche die Obdachlosenherberge in Málaga aufsuchen. Die beiden sehen mich mit großen Augen an. Einen Moment lang habe ich den Eindruck, sie könnten mir das Sandwich ins Gesicht werfen. Doch dann sagt der Mann: „Ich bin Michael, meine Freundin heißt Petra. Wir leben seit einem halben Jahr auf der Straße." Nach einer kurzen Pause fügt er an: „Dabei wollten wir in Spanien eigentlich ein neues Leben beginnen." Dann erzählt er ohne Punkt und Komma, wie sie vor knapp einem Jahr nach Málaga kamen.

Petra hatte ihren Job als Sekretärin in Hamburg aufgegeben, um mit Michael in Köln zusammenzuziehen. Nach kurzer Zeit verlor er aber seine Arbeit. „Wir kauften kurzerhand zwei Oneway-Tickets nach Málaga. In Deutschland sah alles so düster aus. Da dachten wir, in Spanien kann es nur besser werden", sagt Michael. „Ich habe Stahl- und Betonbauer gelernt und im Kölner Arbeitsamt hatte ich kurz vor unserem Abflug ein Stellenangebot in Alicante gesehen. Deshalb dachte ich, es sei einfach, in Spanien Arbeit zu finden. Aber leider war das nicht der Fall. Nach ein paar Monaten ging uns das Geld aus. Wir kauften ein billiges Zelt und übernachten seitdem am Strand. Irgendwann reichte das Geld aber auch nicht mehr zum Essen. Deshalb müssen wir betteln, fast zehn Stunden täglich."

Michael macht eine Pause. Während der ganzen Erzählung hat seine Freundin den Blick starr auf den Boden gerichtet, die strähnigen Haare fallen ihr ins Gesicht, so dass ich ihre Augen nicht erkennen kann. Jetzt hebt sie das erste

Mal den Blick. „Die ersten Tage habe ich mich überhaupt nicht getraut, zu betteln. Und ich zucke immer noch zusammen, wenn mir jemand was in die Hand wirft. Aber wir sind auf die Almosen angewiesen", sagt sie und blickt wieder zu Boden. „Unser Zelt stellen wir am Ende des Stadtstrandes auf. Jeden Morgen um sechs klingelt der Wecker, dann packen wir alles zusammen und machen uns auf den Weg in die Stadt", fährt Michael fort. Als ich frage, wieso sie nicht zurück nach Deutschland gehen, verziehen beide das Gesicht. „Dort ist es ja noch schlimmer", sagt Michael schließlich. „Wir müssten von Hartz IV leben. Noch haben wir die Hoffnung nicht aufgegeben, dass es in Spanien doch klappt. Vielleicht meldet sich ja nach dem Artikel jemand, der einen Job für mich hat, bei der Zeitung." Wir trennen uns, und die beiden gehen wieder an ihren Arbeitsplatz zurück. Auf dem Nachhauseweg muss ich an meinen Galaabend am vergangenen Wochenende denken. Die zwei Welten liegen so nah beieinander und sind doch meilenweit voneinander entfernt. Ob ich hier meinen Platz finde?

Juni

Jeden Tag ein Miniurlaub am Meer

Plötzlich ist der Hochsommer da. Am Morgen wecken mich die Sonnenstrahlen und lösen alle trüben Zukunftsgedanken in Luft auf. Ich schlüpfe in den weißen Sommerrock, werfe mir mein lilafarbenes Lieblings-T-Shirt über und laufe zum Markt um die Ecke, um mir die Tageszeitung El País als Frühstückslektüre, dann noch frisches Brot, Tomaten und Orangen zu kaufen. Ich suche den Stand aus, an dem sich die meisten Hausfrauen anstellen. Es ist die Garantie dafür, dass die Ware hier am frischesten ist. „¿Quién es la última? Wer ist die Letzte?“, rufe ich. Das ist die Losung für den Einkauf am Markt. Denn auch wenn sich die Frauen scheinbar ungeordnet um den Stand drängen, halten sie eine strenge Reihenfolge ein.

Wieder zu Hause brühe ich Kaffee auf, reibe die Tomate und toaste das Weißbrot. Ich packe alles auf ein Tablett und balanciere es über die schmale Holztreppe auf die Dachterrasse. Der Himmel ist so blau, dass meine Augen wehtun. Vor mir sehe ich den einsamen Turm der Kathedrale von Málaga, die „Manquita“, das Ziegelmeer der Altstadt, dahinter liegt das Meer. Auf den Dachterrassen der umliegenden Häuser flattert bunte Wäsche im Sommerwind. Heute muss ich meine Recherchen zu Papier bringen, außerdem wollte ich an neuen Themenvorschlägen arbeiten. Aber zuvor studiere ich erst einmal ausführlich die Zeitung. Es ist Freitag, und Jaime hat geheimnisvoll verkündet, als er frühmorgens aus dem Haus gegangen ist, ich solle für das Wochenende keine Pläne machen.

„Pack den Bikini und die Kamera ein. Wir fahren an einen Strand, der dir bestimmt gefallen wird“, sagt Jaime, als er am frühen Nachmittag von der Arbeit zurückkommt. Wenn das Quecksilber steigt, wird in Andalusien „intensivo“ gearbeitet, was schlicht bedeutet, dass der Arbeitstag um einige Stunden verkürzt wird. Während er eine Wassermelone, Milch und einen Ensalada Malagueña – Orangen-Zwiebel-Kartoffel-Salat mit Bacalao (gesalzenem und getrocknetem Kabeljau), den seine Mutter zubereitet hat; anscheinend hat sie sich mit der nicht kochenden Schwiegertochter abgefunden – in die Kühlbox steckt, sagt er: „Gerade habe ich Jaime getroffen.“ Jaime ist sein Cousin, alle zweitgeborenen Jungen aus der Familie seiner Mutter haben denselben Namen bekommen, den des Großvaters; die Erstgeborenen heißen alle wie der Vater. „Er hat gerade seinen kleinen Sohn Jaime“ – er heißt nach dem Vater – „zur Toreroschule gebracht.“ Ich horche auf. Ein fünfjähriger Junge geht zum Stierkampfunterricht? Das muss ich sehen. „Ich will deine Pläne nicht durchkreuzen, aber meinst du, wir könnten da vorbeischauen?“, frage ich. „Jetzt?“ – „Wieso nicht? Wir können von dort ja gleich weiterfahren.“

Jaime hält nicht viel vom Stierkampf. Er gehört zu dem Großteil der jungen Spanier, die das Spektakel für eine grausame Tierquälerei halten. Sein Cousin, der in einem Dorf aufgewachsen ist, sieht das ganz anders. Für ihn gehört die Corrida de Toros zum andalusischen Leben. Wenn im August in Málaga Feria ist, besucht er fast jeden Nachmittag die Arena. Seinem Sohn will er die Liebe zum Stierkampf anscheinend in die Wiege legen.

Die Arena Plaza de Toros de la Malagueta liegt fast genau an der Strandpromenade. Der zweihundert Jahre alte Bau im Mudéjar-Stil steht in krassem Kontrast zu den Hochhäusern, die sich erdenklich nah ans Meer drängen. Wir nehmen auf dem untersten Rang Platz, damit uns die Sonne nicht blendet. Wäre heute ein echter Stierkampf, dann wären diese Sitze unbezahlbar. Denn die Eintrittspreise beim Stierkampf staffeln sich nach dem Sonneneinfall. Am günstigsten sitzt, wer sich die Sonne auf den Kopf knallen lässt, also eine Sol-Karte kauft. Für die Schattenkarten, die Sombra-Tickets, muss man am meisten bezahlen. Aber heute ist der Platz leer. Nur ein paar Väter und Mütter der künftigen Matadore stehen neben uns und schauen ihren Sprösslingen beim Kämpfen zu. Auch Jaime, der Cousin, ist da. Er freut sich über das unerwartete Interesse seines Verwandten am Stierkampf. Mein Freund zeigt auf mich. „Das ist ihre Schuld."

Der kleine Jaime trainiert auf der Plaza de Toro mit zwanzig weiteren Jungs und zwei Mädchen für eine Karriere als Torero, als Stierkämpfer. Er ist der Einzige, der einen eleganten, eng anliegenden „Traje de Campo", einen Landanzug, trägt. Die anderen haben einen Trainingsanzug an. „Für Jaime ist der Unterricht der Höhepunkt der Woche. Er besteht immer darauf, sich als echter Matador zu verkleiden." Jaime ist mit fünf Jahren der jüngste der Novizen, der nächstältere, Juan Antonio, ist elf. Die beiden Jüngsten üben immer zusammen, einer ist der Stier, der andere der Torero. Von einem echten Toro ist in der Schule weit und breit keine Spur. Nur die Älteren trainieren ab und zu mit jungen Kühen.

Die Kampfstiere dürfen den gelben Sand der Arena nicht betreten, bevor es ihnen an den Kragen geht. Denn bei einem einzigen Kampf lernen die Stiere, wie der Ablauf der Corrida de Toros funktioniert, und sie können dem Matador sehr gefährlich werden. Der erste Kampf des Stiers ist deshalb immer auch sein letzter.

Jaime hat sich ein paar Hörner geholt. Er hält sie sich über den Kopf, macht einen Buckel, wird zum Stier. Juan Antonio ist der Töter. Mit langsamen, bedachten Bewegungen lässt er den Stier Jaime auf sich zukommen, um ihn dann mit einer geschickten Hüftdrehung in das rote Tuch laufen zu lassen. „Sprecht mit dem Stier!“, ruft der Lehrer. „Für einen guten Matador ist es Voraussetzung, die Psyche des Stiers zu kennen.“ Jaime schnaubt, schart mit dem Fuß im Sand.

Die Provinzverwaltung Málaga hat die Stierkampfschule erst vor ein paar Jahren eröffnet, erzählt Cousin Jaime. Wer will, kann sich einschreiben, es gibt keine Aufnahmeprüfung, die Stunden sind umsonst. „Die Zeiten haben sich geändert“, sagt ein älterer Mann, der neben uns sitzt und unser Gespräch verfolgt hat. „Früher wurden nur die Allerbesten Stierkämpfer. Mit ein bisschen Wille und Anstrengung schafft das heute jeder.“ Er erzählt uns, dass er fast immer in die Arena kommt, wenn die angehenden Toreros trainieren. Es erinnere ihn an seine Jugend. „Vor mehr als vierzig Jahren war es mein großer Traum, Matador zu werden. Doch die Schulen waren teuer, die Konkurrenz groß. Nach ein paar Jahren musste ich aufgeben und einen ‚anständigen‘ Beruf ergreifen, um mein Geld zu verdienen.“ Heute schwelge er in Erinnerungen, wenn er Jaime und den anderen zusieht.

Nach dem Training frage ich den kleinen Jaime, ob ihm der Stier nicht leidtue. Er schüttelt nur gelangweilt den Kopf. Überhaupt nicht! Die Frage ist für ihn absurd. Ich wittere eine Geschichte. Es dauert nicht lang, da habe ich Vater und Lehrer überzeugt: Beim nächsten Training darf ich mit Kamera und Notizblock auf der Tribüne sitzen und auch selbst mal die Hörner in die Hand nehmen und mich wie ein Stier fühlen.

Es ist fast acht, als wir uns auf den Weg zu unserem Wochenendausflug machen. Jaime hat die hinteren Sitzbänke in meinem Bus ausgebaut, eine Matratze und zwei Bettlaken ausgelegt. Freudestrahlend präsentierte er mir das Ergebnis: „Unser Bett!“ Wir fahren in Richtung Marbella, an dem Meer aus Hochhäusern an der Costa del Sol vorbei. Die Abendsonne legt einen malerischen Schleier auf die Kulisse. Das Autoradio hat gerade die Frequenz eines englischsprachigen Rocksenders gefunden.

„Als ich klein war, habe ich in Marbella an einem Strandkiosk gearbeitet“, erzählt Jaime. „Damals gab es noch naturbelassene Sandstrände an der Küste, und sie war noch lange nicht so verbaut. Das ist keine zwanzig Jahre her.“ Er seufzt. „Aber der Tourismus und das Baugeschäft haben uns natürlich auch viel Geld gebracht.“ Der Großteil der Malagueños arbeitet auf dem Bau oder in der Tourismusbranche. Auch Jaimes Firma profitiert von den Neubauten, wo er elektrische Leitungen verlegt und die Brandschutzanlagen einbaut. Die wenigsten Andalusier stellen die urbanistische Entwicklung an ihren Küsten in Frage, viele verbringen ihren Urlaub sogar selber in einer der zehnstöckigen Bettenburgen.

„Ich bringe dich heute an einen Strand, der ist genauso schön wie die Küste damals vor zwanzig Jahren“, sagt Jaime, als wir die Costa del Sol hinter uns gelassen haben. Meine Spannung steigt, aber ich bekomme keine weiteren Hinweise aus ihm heraus. Da wir in Richtung Westen fahren, vermute ich, dass unser Traumstrand in der viel einsameren Nachbarprovinz Cádiz liegt. Der kühle, ständig blasende Wind konnte bisher den großen Urlauberandrang verhindern. Nach knapp zwei Stunden kommen wir an Gibraltar vorbei, die Nacht senkt sich über die Landschaft. „Die Spannung steigt. Jetzt siehst du erst morgen früh, wohin ich dich bringe“, freut sich Jaime.

Als wir schließlich von der Hauptstraße abfahren, geht es noch kurz über eine dunkle Landstraße, dann tauchen ein paar einsame Häuser vor uns auf, dahinter glitzert das Meer. Kaum haben wir geparkt, geht Jaime zielstrebig auf ein kleines Haus zu. Es ist ein einfaches Restaurant. „Habt ihr noch Fisch?" „¡Por supuesto! – Natürlich!" Dass wir um halb elf Uhr noch etwas zu essen wollen, scheint den Kellner nicht zu wundern – im Gegenteil, er sieht sogar so aus, als würde er sich freuen, dass er noch Gäste bekommt. Jaime bestellt Pulpo Frito, Garnelen, zwei kleine Doraden, dazu zwei Glas Rotwein. „Hier ist die Welt noch in Ordnung, es gibt keine Hotelanlagen, und die Strände sind noch so schön wie früher", sagt Jaime, während er eine Garnele schält. „Glaub das nicht", fällt ihm der Kellner ins Wort. „In Tarifa bauen sie ständig neue Siedlungen, einen Teil des Hafens in Algeciras wollen sie zu uns verlegen. Wenn man in die Stadt hineinfährt, sieht man jetzt schon nur noch Hochhäuser." Die beiden beginnen über die Profitgier der Spekulanten herzuziehen, und auch an den Ausländern, die sich überall einkaufen, lassen sie kein gutes Haar. Den Nutzen, den sie selbst aus dieser Entwicklung ziehen, scheinen sie zu vergessen. Mittlerweile habe ich herausgefunden, dass wir in Bolonia sind, einem kleinen Weiler rund zehn Kilometer westlich von Tarifa, dem Windsurferparadies von Andalusien. Als wir das Restaurant verlassen, lotst mich Jaime zum Meer, das gleich vor uns im Mondlicht glitzert. Ich ziehe meine Sandalen aus und lasse meine Füße vom Atlantik umspülen. Eine kühle Brise streift mich, und mit geschlossenen Augen atme ich die salzige Meeresluft ein.

Als ich am nächsten Morgen aus dem Bus krabble, empfangen mich das dunkelblaue Meer und ein ellenlanger Sandstrand, der in eine wilde Berglandschaft eingeklemmt ist. Jaime, anscheinend schon länger wach, blickt mich erwartungsvoll an: „Und? Habe ich dir zu viel versprochen?" Ich umarme ihn. „Es ist wunderschön!" Er nimmt meine Hand und zieht mich zum Strand. Barfuß laufen wir über den weichen, goldgelben Strand. „Schau mal", sagt er und dreht meinen Kopf zu ein paar alten Steinen, die im Sand liegen. „Das war mal ein römisches Dorf, Baelo Claudio. Die Siedlung soll sehr wohlhabend gewesen sein, denn hier wurde die beliebte Fischsauce Garum hergestellt und in das übrige Römische Reich geschickt." Ich bin begeistert, Jaime scheint mich beeindrucken zu wollen, denn normalerweise glänzt er nicht gerade mit seinem Geschichtswissen. Diesen Kulturschatz in der unberührten Landschaft erkläre ich sofort zu einem meiner andalusischen Lieblingsplätze. Vor meinem inneren Auge sehe ich, wie Fischer in Tuniken mit hölzernen Kähnen am Strand anlegten, ihren Fang ablieferten und andere die Fische zu der Paste Garum weiterverarbeiteten, die im alten Rom wie Ketchup verwendet wurde.

„Komm, lass uns frühstücken", reißt mich Jaime aus meinen Tagträumen. Seine langen braunen Locken trägt er offen, seine grünen Augen blitzen mich an. Ich schlage den Weg zu dem Restaurant ein, an dem wir am Abend zuvor gegessen haben, doch Jaime zieht mich zu unserem Bus. „Aber wir wollen doch frühstücken ..." – „... am Strand", vollendet er meinen Satz. Er zaubert einen kleinen Gaskocher, eine Espressomaschine, zwei Tassen, Weißbrot, Zucker, Salz und das in der andalusischen Küche omnipräsente Olivenöl aus dem Inneren des Busses. In Windeseile hat er Kaffee aufgebrüht, das Brot geröstet und mit Olivenöl begossen. Kauend blicken wir beide aufs Meer, wo weiße Schaumkronen auf den Wellen tanzen. Es ist hier viel kühler als in Málaga, ständig weht ein leichter Wind. Wir genießen die wärmenden Sonnenstrahlen und hängen unseren Gedanken nach. Es fällt uns nicht leicht, am nächsten Abend Abschied von Bolonia zu nehmen. Bis die Sonne fast ganz am Horizont verschwunden ist, bleiben wir am Strand sitzen und blicken aufs Meer.

Wieder zurück in Málaga plane ich die nächsten Schritte für meine berufliche Zukunft als selbstständige Journalistin in Andalusien; die Mitarbeit bei der deutschsprachigen Wochenzeitung darf nicht die einzige Auftragsquelle bleiben. Auf einem großen, weißen Papier liste ich links alle möglichen Zeitungen, Magazine, Journalistenbüros und Verlage auf, für die ich von Andalusien aus arbeiten könnte. Rechts notiere ich meine Themenideen, Vorschläge und in welchem Format sie das jeweilige Medium interessieren könnten. Und nach zwei Stunden habe ich eine ansehnliche Liste erstellt. Ich schalte den Computer ein und fülle die linke Spalte mit Kontaktpersonen und Telefonnummern. Dann erarbeite ich für jeden Vorschlag ein Exposé. Am nächsten Vormittag nehme ich mir vor, eine Telefonaktion zu starten und einen ersten Teil der möglichen Auftraggeber anzurufen. Beim Gedanken an die bevorstehenden Anrufe beginnt mein Herz sofort schneller zu schlagen. Wenn ich nicht bald Erfolg habe, heißt das, dass ich Andalusien verlassen werde. Ich atme tief durch, beschwöre die Andalusierin in mir herauf und verlege den Stress auf morgen.

Gegen drei Uhr nachmittags klingelt mein Telefon. Ara, Juans Freundin, ist dran. Völlig aufgelöst sagt sie, wir müssten uns sofort sehen. „Du kannst dir nicht vorstellen, was passiert ist“, beginnt sie atemlos, als wir uns an einen schmalen Tisch des Cafés con Libro an der Plaza de la Merced, gleich neben dem Geburtshaus von Picasso setzen. „Ich werde am Flughafen arbeiten!“ Ara ist Masseurin, und seit ich sie im Januar kennengelernt habe, versucht sie eine Genehmigung zu bekommen, um im Abflugbereich des Pablo-Ruiz-Picasso-Flughafens ihren Massagestuhl aufstellen zu dürfen. „Das ist eine Wahnsinnschance!“, jubelt sie und fällt mir um den Hals. Sie steckt mich an mit ihrer Euphorie, und sie braucht nicht lange, um mich zu überzeugen, den Computer am Nachmittag ausgeschaltet zu lassen, um sie zum Strand des ehemaligen Kurbads Balnerio del Carmen zu begleiten.

„Das Strandbad war Anfang des vergangenen Jahrhunderts der besseren Gesellschaft von Málaga vorbehalten", erzählt Ara, während wir die Strandpromenade entlang zum Balnerio laufen. „In dem Clubhaus wurde wild getanzt und gefeiert. Es war in den Zwanzigerjahren das Mondänste, was die Stadt zu bieten hatte. Zur Livemusik einer Big Band tanzte die Bourgeoisie in dem Gründerzeitgebäude Charleston, und der Dichter Federico Garcia Lorca tankte hier mit seinen Freunden der Literaturclique Generación del 27 stets neue Energie", fährt sie fort. Ich erfahre, dass die Baños del Carmen auch nach dem Spanischen Bürgerkrieg ein privater Club und Kurort blieben, dessen Pforte sich nur zahlenden Gästen öffnete. „Aber auch mein Vater tanzte hier, obwohl er keinen Cent in der Tasche hatte", erzählt Ara. „Als junger Mann, noch bevor er meine Mutter kennenlernte, sprang er in der Abenddämmerung über die Mauer, um sich mit den Señoritas der besseren Gesellschaft zu amüsieren." Erst in den Siebzigern wurde aus dem privaten Club ein öffentlicher Erholungsraum, fährt Ara fort. Doch im Jahr 1989 zerstörte eine Sturmflut den Ort, der achthundert Meter lange Strand wurde zu großen Teilen vom Meer verschluckt. Seitdem verfällt das Balnerio langsam.

Aber gerade dem morbiden Charme verdankt das alte Kurbad eine neue Fangemeinde. In dem ehemaligen Clubhaus befindet sich heute ein einfaches Restaurant, wo arabische Spezialitäten und Te Moruno, zuckersüßer marokkanischer Tee, serviert werden. Am Sonntagmittag ist es fast unmöglich, einen freien Tisch zu ergattern. Auf der Terrasse, die direkt am Wasser endet, treffen sich am Abend junge Pärchen, um den Sonnenuntergang zu beobachten. Den östlichen Teil, der zeitweise ein Campingplatz war und wo es einen verwahrlosten Tennisplatz gibt, hat die alternative Szene eingenommen. An dem Kieselsteinstrand hat immer jemand eine Gitarre oder Trommeln dabei, die Mädchen legen sich oben ohne in die Sonne. Am Abend finden hier auch mal spontan Konzerte statt.

Wir legen uns an den Strand, wo um die Uhrzeit noch nichts los ist. Die schmalen Blätter der riesigen Eukalyptusbäume schützen uns ein wenig vor den Sonnenstrahlen. Die Brandung wälzt die Kieselsteine im Wasser hin und her, die Wellen plätschern und ich gerate schon wieder in Urlaubsstimmung. „Heute Abend ist San Juan. Das darfst du nicht verpassen." Ara erklärt mir, dass es am längsten Tag des Jahres erlaubt ist, Feuer am Strand zu machen. Am Abend des 21. Juni reiht sich ein Lagerfeuer an das andere an der kilometerlangen Strandpromenade von Málaga.

Jaime hält Siesta, als ich nach Hause komme. An diesen ausgedehnten Mittagsschlaf kann ich mich nicht gewöhnen – nur in Ausnahmefällen, wie zum Beispiel nach einem Mahl bei seinen Eltern, lege ich mich dazu. Meist völlig gerädert und noch viel müder als zuvor wache ich nach der Siesta auf. Für ihn aber ist es eine der schönsten spanischen Traditionen. Um ihn zu wecken, lege ich seine Lieblings-CD auf, „Nos sobran los motivos" von Joaquín Sabina, einem Liedermacher aus Úbeda bei Jaén. In seinen Texten geht es fast ausnahmslos um die Liebe zu den Frauen und darum, dass er sich nicht für eine einzige entscheiden kann. Ob in Jaime wohl auch solche Rockstar-Allüren schlummern, frage ich mich und hüpfe unter die Dusche. Als ich fertig bin, liegt Jaime immer noch auf dem Sofa.

„Venga! Auf geht's! Heute ist die Noche de San Juan, Sommersonnwende!", rufe ich ihm zu. Ich ziehe mir ein geblümtes Sommerkleid an und stecke eine leichte Strickjacke in meine Umhängetasche. Während er sich fertigmacht, klingelt mein Telefon. Esther, meine Freundin aus Granada, ist dran. Ich höre ihr schnell an, dass etwas nicht stimmt. „Mit mir und Pedro ist es vorbei", rückt sie schließlich mit gebrochener Stimme heraus. Aber es dauert nicht lange, da ist ihre Lebensfreude wieder da: „Lass uns am übernächsten Wochenende in das Naturschutzgebiet Cabo de Gata in Almería fahren." Ich sage ihr sofort zu, denn ich hatte schon lange Lust, die Halbwüste im Osten von Andalusien kennenzulernen. Außerdem sollen die Strände dort zu den schönsten im ganzen Mittelmeerraum gehören.

Als ich Jaime von meinen Wochenendplänen erzähle, ist er nicht so begeistert wie ich. Sein Gesichtsausdruck verdunkelt sich, und er sagt nur: „Aha." Als ich ihn frage, was los sei, wehrt er zwar ab und sagt, es sei alles in Ordnung, aber ich habe mittlerweile herausgefunden, dass in seinen Adern noch viel maurisches Blut fließt. Seine Vorstellung von einer Beziehung orientiert sich doch mehr an der traditionellen Rollenverteilung, als er es sich eingesteht. Dass ich ihm die Wäsche waschen oder jeden Tag etwas kochen werde, hat er zwar nie erwartet. Aber wenn wir am Abend ausgehen, lässt er mich nur bezahlen, wenn ich darauf bestehe, und dass wir getrennt voneinander etwas unternehmen, gefällt ihm anscheinend überhaupt nicht. Doch mein Plan steht fest: In zwei Wochen erkunde ich mit Esther den Naturschutzpark Cabo de Gata.

Als wir wenig später am Strand entlangschlendern und den jungen Leuten dabei zusehen, wie sie ihre Lagerfeuer schüren, hat sich seine schlechte Laune schon wieder verzogen. Die Nacht senkt sich langsam über die Bucht von Málaga. Die ersten Flammen schlagen in die Luft, um die Feuer scharen sich Menschen mit Bier- und Weinflaschen, bald ist am Stadtstrand Malagueta kein Sandkorn mehr frei. Wir treten den Rückzug an und verlassen das Getümmel. Mittlerweile ist die Sonne ganz untergegangen. Die auflodernden Feuer lassen den Nachthimmel noch schwärzer erscheinen.

„Hast du Lust, ins Farolito zu gehen?“, fragt Jaime. Das kleine argentinische Lokal in der Altstadt gehört drei Freunden, die auf eine spartanische Speisekarte gesetzt haben: argentinisches Fleisch pur, nur Brot servieren sie dazu. Ihr Konzept geht auf, die wenigen Tische sind immer bis auf den letzten Platz gefüllt. Nachdem wir der Fleischeslust gefrönt haben, gehen wir noch ein Glas Wein in einem Straßencafé der Fußgängerzone Calle Alcazabilla trinken. Im Sommer ist um Mitternacht in den Straßen der Altstadt viel mehr los als tagsüber. Gegenüber unserem Tisch liegen die Ruinen des römischen Amphitheaters, dahinter die maurische Burganlage Alcazaba, darüber steigt der Mond auf. Ich erzähle Jaime von meinen Telefonplänen für morgen. Er weiß, wie wichtig das für unsere gemeinsame Zukunft ist. Wenn ich es nicht schaffe, beruflich in Andalusien Fuß zu fassen, werde ich nicht bleiben. Jaime nimmt mich fest in den Arm und flüstert mir ins Ohr: „Du musst an dich und an uns denken. Dann schaffst du das.“ Mit dem aufgehenden Mond im Rücken schlendern wir Arm in Arm nach Hause. Ein mulmiges Gefühl in meiner Magengrube bleibt. Morgen ist ein wichtiger Tag.

Juli

Der Widerstand schmilzt

Meine Umsatzsteuererklärung steht an, zu einem denkbar unpassenden Zeitpunkt. Jeder Tag scheint den vorangegangenen mit neuen Rekordtemperaturen überbieten zu wollen, in unserer Wohnung hat es vierzig Grad, eine Klimaanlage existiert nicht, nur ein kleiner Ventilator gibt sein Bestes, um das Gefühl von Kühle zu schaffen.

Endlich kann ich Jaime verstehen, der im Winter nur den Kopf geschüttelt hat, wenn ich wieder einmal über die Kälte in der Wohnung gestöhnt habe. „Warte nur ab, bis der Sommer kommt, da wirst du dich noch nach der Kälte sehnen", erklärte er zu meinem Unverständnis. Doch jetzt sitze ich an meinem Schreibtisch und wünsche mir einen Moment lang nichts sehnlicher als die kühle Jahreszeit zurück – zumindest, bis ich die Steuererklärung gemacht habe. Doch es bleibt heiß, mein Kopf bleibt schwer; und die Gedanken fließen so zäh, als wären sie aus Honig. Aber ich habe keine andere Wahl.

Alle drei Monate muss ich als Selbstständige die Mehrwertsteuer und die Gewinnsteuer ans Finanzamt abführen, und genau jetzt, mitten im andalusischen Hochsommer, ist es wieder so weit. Vor mir stapeln sich zwei Haufen Rechnungen, einer mit Ausgaben, einer mit Einnahmen. Widerwillig klappe ich den Laptop auf und öffne ein neues Excel-Dokument. In Zeitlupe beginne ich die Zahlen einzutragen, der Stapel Rechnungen wird nicht kleiner. Schweißtropfen rinnen meine Schläfe herab, der letzte Rest Konzentration scheint zu schmelzen. Ich bin heilfroh, als die Kirchturmglocken gleich hinter unserer Wohnung endlich zwei Uhr mittags schlagen. Jaime muss jeden Moment kommen, wir sind zum Essen verabredet. Er wird mich aus der Hölle befreien.

„Wie kannst du bei den Temperaturen arbeiten? Ich kann keinen klaren Gedanken fassen", begrüße ich ihn mit matter Stimme, kaum hat er die Haustür aufgeschlossen. „Da gewöhnst du doch schon noch dran", sagt er. „Es ist jeden Sommer das gleiche Spiel: Du denkst, höher können die Temperaturen nicht steigen, und am nächsten Tag beweist dir das Thermometer das Gegenteil. Ich werde erst einmal eine kalte Dusche nehmen."

Um die Zeit totzuschlagen – die Steuererklärung schiebe ich weiter vor mir her – öffne ich wieder einmal meine Mailbox. Ob Post eingegangen ist? Jedes Mal ist das eine aufregende Angelegenheit, denn auf die Ergebnisse meiner Telefonaktion warte ich immer noch. Tatsächlich, mein Postfach blinkt. Als ich den Absender sehe, beginnt mein Herz höher zu schlagen. Die Lethargie, die ich gerade noch wegen der Hitze verspürt habe, ist verflogen, meine Lebensgeister sind erwacht. Denn als Absender firmiert ein Reiseführerverlag, dem ich einen Vorschlag für einen Wanderführer über Andalusien geschickt habe. Ganz feucht sind meine Handflächen, als ich die E-Mail öffne. „Vielen Dank für Ihren Vorschlag, wir würden Sie sehr gern in den Kreis unserer Wanderführerautoren aufnehmen ..." Ich stoße einen Jubelschrei aus. Es ist eine lange E-Mail, den Rest überfliege ich nur. Dort steht, dass ich eine Probewanderung und ein Konzept für das Buch einreichen muss, um die Zusammenarbeit zu besiegeln. Mit einem breiten Grinsen gehe ich ins Bad, um Jaime von der frohen Botschaft zu berichten. „Enhorabuena – Herzlichen Glückwunsch", sagt er und strahlt. „Siehst du, das klappt schon alles!" Er richtet den kalten Wasserstrahl auf mich und eine wilde Wasserschlacht beginnt.

Trotz der hohen Temperaturen verlassen wir die Wohnung eng umschlungen. „Ich werde dich zu einem ganz besonderen Lokal bringen“, sagt er und setzt seine Vespa in Gang. Der Fahrtwind bringt keine Kühlung, sondern fühlt sich an, als würde jemand einen riesigen Föhn auf uns richten. Jaime hält vor der Markthalle des Viertels El Perchel. Es gehört zu den ältesten Teilen der Stadt, in dem allerdings heute bis auf zwei Straßen und die Markthalle nicht mehr viel von der alten Architektur übrig geblieben ist. Jaime macht Anstalten, in den alten Markt zu gehen. Verwundert folge ich ihm, normalerweise machen die Stände um zwei Uhr mittags zu. Doch als wir den überdachten Mercado betreten, merke ich schnell, dass Jaime nicht vorhat, die Zutaten für unser Mittagessen zu kaufen. In einer Ecke des Marktes gibt es kleines Lokal, kaum größer als die Obst-, Gemüse-, Fisch- und Fleischstände. Ein paar Barhocker reihen sich vor einer Theke auf, zwei gepflegte, ältere Herren sitzen dort schon, sie diskutieren lauthals in unverständlichem Andalusisch und vertilgen zwischen den Wortgefechten Garnelenspieße, frittierte Minitintenfische und Miesmuscheln. Das alles spülen sie mit süßem Málaga-Wein hinunter, bevor sie zur nächsten Diskussionsrunde ansetzen. Jaime gesellt sich dazu und bestellt das Gleiche, anstatt lieblichen Weins ordert er zwei „Pintados“, eine Mischung aus süßem und herbem Málaga-Wein. Ein älterer Mann hinter der Bar nimmt die Bestellung entgegen. Das Innere ist wie jeder Marktstand gekachelt, damit mit einem Wasserstrahler in Sekundenschnelle alles gereinigt werden kann.

„Salud“, Jaime und ich lassen die Gläser klirren. „Auf unsere Zukunft.“ Im Stehen verspeisen wir die Köstlichkeiten, der Wein steigt uns schnell zu Kopf. „Vor ein paar Tagen habe ich gelesen, dass eine Stiftung Recherchestipendien für junge Journalisten vergibt, bis Mitte des Monats kann ich noch Vorschläge einreichen. Wenn das Thema ausgewählt wird, bezahlt die Stiftung die gesamten Rechercheausgaben, und man bekommt einen Mentor zur Seite gestellt, der einen bei der Arbeit betreut", erzähle ich, während wir die zweite Portion Tintenfische verspeisen. „Seitdem denke ich die ganze Zeit über ein geeignetes Thema nach, aber leider fällt mir nichts ein." „Warte nur ab, dir kommt schon noch der Geistesblitz." Jaime ist so zuversichtlich wie immer.

„Ich brauche dringend eine Siesta", sagt Jaime, nachdem wir den dritten Garnelenspieß verputzt haben. Heute handelt es sich eindeutig wieder um einen Ausnahmefall, ich werde mich dazulegen. Der Wein in Kombination mit der Hitze hat mir den Rest gegeben, kaum liegen wir auf dem Sofa, falle ich in einen traumlosen Schlaf.

Mein Handy weckt mich Stunden später wieder auf, es ist Esther. Jaime ist schon wieder in sein Büro zurückgekehrt, mittlerweile ist es 18 Uhr. Ich habe mehr als zwei Stunden geschlafen. Wie sehr die Hitze mir zu schaffen macht, entgeht Esther nicht. Jeder zweite meiner Sätze lautet: „¡Qué Calor! – Was für eine Hitze!" „Unser Ausflug nach Cabo de Gata ist ja dringend notwendig." Esther will mit mir besprechen, was wir einpacken müssen, um auf unser Strandabenteuer vorbereitet zu sein. Jede muss sich um ein paar Sachen kümmern.

Als ich sie am Freitag darauf vom Busbahnhof abhole, um nach Almería aufzubrechen, scheinen die Temperaturen einen erneuten Rekordwert erreichen zu wollen. Im Gepäck habe ich eine Isomatte, einen dünnen Schlafsack, ein Handtuch und ein Buch. Wie abgemacht, hat Esther eine Kühlbox dabei. „Noch ist sie leer", sagt sie und dirigiert mich sofort zum nächsten Supermarkt. Wir kaufen Bier, Obst und eine Riesenstange Eis, Esther schichtet alles in die Kühlbox. Außerdem decken wir uns mit Brot und Instantkaffee ein. „Es kann losgehen", sagt sie aufgeregt, als wir wieder Fahrt aufnehmen, und legt eine CD der Musikgruppe El Bicho ein, durch die Fenster bläst der heiße Wind.

Bis nach Almería sind es zwar nur 180 Kilometer, aber es gibt keine durchgehende Autobahn, den Großteil der Strecke legen wir auf der schmalen Küstenstraße zurück, die sich entlang unzähliger Buchten schlängelt. Gemächlich nähern wir uns dem Ziel, das Meer verliere ich nicht aus dem Blick. Esther ist auf dem Beifahrersitz eingeschlafen, die Musik habe ich ausgeschaltet. Sobald wir die Provinz Almería erreichen, begleitet uns am Fahrbahnrand ein Plastikmeer. Ein riesiges Gewächshaus reiht sich an das andere. Hier wird das Gemüse für die Supermärkte von ganz Europa gezüchtet. Bei dem Anblick vergeht einem die Lust auf knackiges Gemüse aus Spanien.

Nach drei Stunden Fahrt passieren wir endlich die Hauptstadt der östlichsten andalusischen Provinz. Von Almería sind es nur noch zwanzig Kilometer bis zum Naturpark. Gerade als ich auf die Ausfahrt Cabo de Gata zufahre, wacht Esther auf. „Wir sind ja schon da", sagt sie schlaftrunken. Sie greift zur Wasserflasche, nimmt einen kräftigen Schluck und spuckt es dann angeekelt aus dem Fenster. „Das ist ja Puchero", ruft sie. Damit meint sie die andalusische Suppe aus ausgekochtem Fleisch. „Halt bitte an einer Tankstelle an, ich brauche dringend eine eiskalte Cola." Keine schlechte Idee, das Koffein bringt auch mich wieder auf Vordermann. Esther ist schnell wieder in Höchstform.

„Cabo de Gato ist die größte Vulkanlandschaft der Iberischen Halbinsel, seit 1987 ist die Küste und auch das Meer unter Naturschutz gestellt", klärt sie mich auf, als wir wieder im Auto sitzen. Die Landschaft der Halbwüste begeistert mich sofort. Die Erde ist gelb oder steingrau und staubtrocken, nur manchmal unterbrechen Agaven, Feigenkakteen oder Palmen die Monotonie. Ein paar weiße quadratische Häuser verteilen sich dazwischen. Am Horizont ist das dunkelblaue Meer zu erkennen. „¡Qué bonito! – Wie schön!“, sage ich immer wieder.

Wir steuern auf das ehemalige Fischerdörfchen Las Negras zu, von wo aus wir zur Bucht Cala de San Pedro laufen wollen. Esther ist vor ein paar Jahren dort gewesen und spricht nur vom Hippie-Strand. Im Internet habe ich nachgelesen, dass es in der Bucht eine halb verfallene Burg gibt, in der das ganze Jahr über Aussteiger leben, im Sommer sogar bis zu hundert Menschen. Im 16. Jahrhundert waren die Buchten von Cabo de Gata ein unsicherer Ort, ständig waren die Fischerdörfer von plündernden Piraten bedroht. Um sich gegen die Angriffe zu schützen, bauten die Anwohner Trutzburgen. Eine davon ist das Castillo de San Pedro. Mit dem Bau der Burg siedelten sich Fischer und Bauern an dem Flecken an. Im Lauf der kommenden Jahrhunderte war die Bucht immer wieder Schauplatz kriegerischer Auseinandersetzungen, und jedes Mal erlitt die Burg Zerstörungen. Im 18. Jahrhundert waren es zuerst die Habsburger, die hier ein Kriegsschiff des spanischen Bourbonenkönigs zerstörten und später die Kanonenläufe auf das Castillo de San Pedro richteten. Später flüchtete sich ein Kriegsschiff aus Málaga vor den Engländern in die Bucht San Pedro. Die Kanonen des britischen Schiffs zerstörten die Burg fast vollständig, nur der Turm blieb stehen. In den Sechzigerjahren des 20. Jahrhunderts kaufte eine Privatperson das Gebäude, doch keiner weiß genau, wer das ist und was er mit der Burg vorhat. Denn bisher leben weiter ungestört Aussteiger in dem alten Gemäuer.

Las Negras ist ein niedliches Dörfchen, dessen weiße Häuser wie Würfel in der kleinen Bucht verstreut liegen. Es ist acht Uhr, als wir ankommen. Erst um halb zehn wird es dunkel, wir haben noch ausreichend Zeit, um bei Tageslicht in der Cala de San Pedro anzukommen. Den Bus stellen wir in einer Seitenstraße ab, schultern die Rucksäcke, die Kühlbox nehmen wir zwischen uns. Esther zeigt auf einen Hügel im Osten des Dorfs. „Dorthin müssen wir." Das klingt ziemlich vage, noch dazu ist die Box nach unserem Einkauf schwer geworden, und die Temperaturen sind trotz fortgeschrittener Stunde immer noch nicht gesunken. Ich habe ernsthafte Bedenken, ob wir es schaffen, die ganze Fracht heil bis in die nächste Bucht zu bringen. Um Esther nicht zu demotivieren, behalte ich meine Sorgen für mich.

Wir folgen der einzigen Straße, die in Richtung Osten führt, und biegen anschließend in einen Feldweg ein, der kurz vor Beginn des Hügels bergauf führt. Haben wir bis hierher schon geschnauft wie Lastesel, klingen wir jetzt wie Dampfloks. Alle fünf Meter stellen wir die Kühltruhe ab, um den anderen Arm zu belasten. Hat Esther zu Beginn der Wanderung noch voller Enthusiasmus von ihrem neuen Lover erzählt, ist sie jetzt verstummt. Wir konzentrieren unsere gesamten Kräfte auf den Weg. Nach fast einer Stunde sehen wir endlich die Burg San Pedro vor uns.

„No me lo creo, ich fasse es nicht", sagt Esther, wir atmen erleichtert auf. Die letzten Meter stolpern wir bergab. Am Strand angelangt, platze ich heraus: „Das nächste Mal verzichte ich lieber auf das eisgekühlte Bier." Esther holt zwei Dosen aus der Box hervor und öffnet sie mit einem lauten Zischen. „Sag das noch mal, wenn du getrunken hast." Sie schließt die Augen und schlürft genüsslich das Bier. Mittlerweile dämmert es. Der Strand ist voller Menschen, der Großteil splitternackt, alle schenken uns ein freundliches Lächeln. „Die hoffen alle, dass wir sie auf ein kühles Bier einladen. Aber nichts da", sagt Esther, und wir müssen lachen.

Unser Lager schlagen wir direkt am Strand auf, ich breite Isomatte und Schlafsack aus, mittlerweile ist die Nacht hereingebrochen. Dann ziehen wir uns auch aus und laufen ins Wasser. Ruhig und angenehm kühl ist das Meer, das

Mondlicht spiegelt sich. Wir bleiben bestimmt eine halbe Stunde im Wasser. Mittlerweile hat eine Gruppe am Strand ein großes Lagerfeuer entfacht. Wir greifen zum Handtuch, schnappen uns zwei Bierdosen und nähern uns dem Feuer.

„Eine tragische Liebesgeschichte spielte sich am 24. Juli des Jahres 1928 in dem Bauernhaus Cortijo del Fraile gleich hier in der Nähe ab. Die Tochter des Bauernhausbesitzers sollte an diesem Julitag verheiratet werden. Doch als die Stunde der Messe kam, war die Braut nicht aufzufinden. Die ersten Gäste machten sich von dem Bauernhaus bereits auf den Nachhauseweg." Wir sind mitten in eine Geschichtenerzählerrunde geplatzt. Ein Junge mit angenehmer Stimme hat die Rolle des Erzählers übernommen. Mit einem unüberhörbaren Klick öffnen wir unsere Bierdosen und lauschen. „Es dauerte nicht lang, da waren die Gäste wieder zurück – völlig außer sich. Auf dem Weg hatten sie den Cousin der Braut gefunden, blutüberströmt lag der junge Mann tot am Wegrand. Mit den übrigen Hochzeitsgästen kehrten sie zu der Stelle zurück, wo sie den Körper gefunden hatten. Sie suchten die Umgebung nach Hinweisen ab und entdeckten nicht weit entfernt schwer verletzt die Braut." Der Junge macht eine Kunstpause. „Sie hatte sich mit ihrem Cousin aus dem Staub machen wollen, um mit ihm, ihrer wahren Liebe, ein gemeinsames Leben zu beginnen. Doch der Bruder von dem betrogenen Bräutigam war dem fliehenden Liebespaar gefolgt und wollte den Verrat der beiden rächen."

„Das ist doch die Geschichte von Federico García Lorcas Theaterstück ‚Die Bluthochzeit'", sagt einer aus der Runde. „Ja", gibt der Erzähler zu. „Aber es ist die wahre Begebenheit, die Lorca zu seinem Werk inspirierte. Die echte Braut starb im Jahr 1987 im Alter von vierundachtzig Jahren in Níjar. Ein Großteil ihrer Familie und der Dorfgemeinschaft und vor allem der Bräutigam haben bis zum Tag ihres Todes kein Wort mehr mit der abtrünnigen Braut gewechselt." Ein Raunen geht durch die Runde, mit seiner Erzählung hat der Junge alle in Bann gehalten. Esther und ich kommen mit den anderen ins Gespräch, und ehe wir uns versehen, ist es zwei Uhr morgens. Als ich mich zurückziehe, ist Esther in ein intensives Gespräch mit einem Jungen vertieft, ihren neuen Lover scheint sie schon wieder vergessen zu haben.

Den nächsten Tag verbringen wir mehr im Wasser als am Strand. Am Ende des Tages sind meine Hände und Füße verschrumpelt, als wäre ich zu lange in der Badewanne gelegen. Wir ernähren uns von Obst und Brot, wenn wir müde sind, legen wir uns in den Schatten und schlafen, wenn wir Unterhaltung wollen, gehen wir zu einer der Gruppen, die in der Bucht verteilt sitzen. Esther hatte recht, einen besseren Ort kann ich mir bei diesen Temperaturen wirklich nicht vorstellen. Mit Jaime muss ich unbedingt wieder hierher kommen.

Auf dem Rückweg trage ich die Kühlbox alleine in einer Hand. Das Eis ist geschmolzen, die Dosen sind leer, und vom Obst ist auch nichts mehr übrig. Kaum kommen wir in Las Negras an, fallen wir in eine der Bars ein. Erst jetzt merken wir, wie hungrig wir sind. Salzverkrustet und braungebrannt setzen wir uns schließlich in meinen Bus. Als wir gerade auf die Autobahn fahren, rückt wieder das Plastikmeer um Almería in mein Blickfeld.

„Weißt du etwas über die intensive Landwirtschaft um Almería herum?", frage ich Esther. „Mmh", sie überlegt. „Ich habe mal einen Dokumentarfilm gesehen, in dem ging es darum, dass dort oft illegale Einwanderer für wenig Geld und zu schlechten Arbeitsbedingungen schuften." Da fällt es mir wie Schuppen von den Augen. Das ist das Thema, das ich für das Recherchestipendium einreichen will. Auf der gesamten Fahrt bis nach Málaga geht mir die Idee nicht mehr aus dem Kopf. Ich setze Esther am Busbahnhof ab, und kaum habe ich meine Sachen vom Sand befreit und eine Waschmaschine befüllt, sitze ich schon am Computer, um zu recherchieren, was in deutschen Medien bereits zu dem Thema erschienen ist und wer mein Ansprechpartner sein kann. Nach einem ersten Überblick bin ich enttäuscht. Ich finde eine Menge Reportagen zur Situation auf den Plantagen in El Ejido.

Während ich noch frustriert durch die Artikel blättere, kommt Jaime nach Hause, auch er war mit ein paar Freunden am Strand, in der Nähe von Nerja. Ich lasse ihm keine Zeit, Sonnenschirm und Rucksack abzulegen, sondern stürme sofort auf ihn zu. Nach einer langen Umarmung teile ich ihm aufgeregt mit, dass ich ein Recherchethema gefunden habe; auch meinen Frust, dass es vielleicht nicht das Originellste ist, lade ich ab. „Lass mich erst mal ankommen", sagt er. Doch noch während er seine Sachen sortiert, denkt er laut über das Thema nach: „Vielleicht musst du einfach die aktuelle Wirtschaftslage als Aufhänger nehmen. Jetzt, wo in Spanien die Baubranche zusammengebrochen ist und viele Spanier arbeitslos geworden sind, muss sich doch die Situation der illegalen Immigranten verschlechtert haben." Ich bin sprachlos. Er hat den Nagel auf den Kopf getroffen. Die Wirtschaftskrise ist in aller Munde, doch wie sie sich konkret auf die benachteiligten Gesellschaftsschichten auswirkt, hat noch niemand untersucht. Noch am selben Abend setze ich einen ersten Vorschlag auf. Ich durchforste das Netz erneut nach dem konkreten Thema und stelle erfreut fest, dass wirklich noch fast nichts dazu erschienen ist. Auch einen Ansprechpartner finde ich. Die Landarbeitergewerkschaft SOC setzt sich vor Ort für die Rechte der illegalen Einwanderer ein.

Am nächsten Vormittag wähle ich die Telefonnummer des SOC-Büros in El Ejido, dem Ort mit der größten Gewächshausdichte bei Almería. Ich werde ein paar Mal weitergeleitet und habe dann einen Mann mit dem Namen Spitu Mendy am Hörer. Kurz erkläre ich ihm mein Projekt. Mittlerweile bin ich so Feuer und Flamme, dass ich das Thema ganz unabhängig von dem Stipendium recherchieren will. Spitu ist Senegalese und hat früher selber ohne Papiere in den Gewächshäusern gearbeitet. Seit er legal im Land ist, kämpft er für bessere Lebens- und Arbeitsbedingungen der Afrikaner vor Ort und sagt so markige Sätze wie: „Die Gewächshäuser an der Küste von Almería sind der Wartesaal Europas für illegale Einwanderer." Spitu erklärt mir am Telefon, dass man mit einer Arbeitsgenehmigung eigentlich gar nicht erst nach einem Job fragen brauche. „Die Landwirte vergeben die Arbeit fast nur ohne Vertrag, weil es für sie billiger ist. Auf den Plantagen hier sind die Löhne so schlecht wie nirgends sonst auf dem spanischen Acker, dreißig Euro gibt es für einen Acht-Stunden-Tag. Seit Beginn der Wirtschaftskrise bezahlen die Landwirte noch weniger. Denn seit das spanische Wirtschaftswunder vorbei ist, haben arbeitslose spanische Bauarbeiter vielen illegalen Einwanderern andernorts den Arbeitsplatz in der Landwirtschaft weggenommen. Ein Großteil ist hierher gekommen. Die Konkurrenz in Almería ist jetzt so groß, dass viele einfach gar keinen Job mehr finden." Spitu bestätigt genau das, was Jaime und ich vermutet haben. Für die nächste Woche vereinbaren wir einen Termin in El Ejido. Ich sage Spitu gleich, dass ich unbedingt auch mit Betroffenen sprechen will.

Eine Woche später sitze ich in meinem Auto und fahre wieder die Küstenstraße in Richtung Almería. Nach einem ausführlichen Gespräch im Büro der Landarbeitergewerkschaft in El Ejido fragt mich Spitu, ob wir ein paar seiner Bekannten besuchen wollen. Auf ein Treffen mit Einwanderern habe ich zwar gehofft, aber ich bin auch unsicher, wie ich ihnen gegenübertreten soll. Spitu führt mich mitten in die bizarre Landschaft der intensiven Landwirtschaft. Die Straßen sind auf beiden Seiten von den schmutzigen Plastikplanen der Gewächshäuser begrenzt. Nur manchmal wird die Monotonie von einem heruntergekommenen Bauernhaus unterbrochen, vor dem eine Reihe junger Männer sitzt. Wir passieren Marokkaner, Osteuropäer und Schwarzafrikaner, die die Straßen entlanglaufen.

Vor einem der Bauernhäuser macht Spitu plötzlich halt, eine Reihe von Schwarzafrikanern sitzt vor dem Haus. Er begrüßt die Männer, die auf kaputten Plastikstühlen oder direkt auf dem Boden sitzen, auf Wolof, einer westafrikanischen Sprache. Dann stellt er mich auf Spanisch vor und sagt, dass ich Journalistin sei und gern mit ihnen über ihre Situation sprechen wolle. Zu mir gewandt erklärt er, dass sie Freunde aus dem Senegal und aus Guinea-Bissau seien. Plötzlich fühle ich mich völlig fehl am Platz.

Freundlich und erwartungsvoll blicken mich die Männer an. Hölzern beginne ich: „Wie lange seid ihr denn schon hier?" Einer der Jungen, er heißt Ibrahim, antwortet sofort. Er scheint der Anführer der Truppe zu sein, spricht auch am besten Spanisch. „Ich bin schon seit zwei Jahren hier. Es ist sehr schwierig für uns, denn wir arbeiten nur manchmal." „Wie lebt ihr, wenn ihr nichts verdient?" Ibrahim zieht die Augenbrauen nach oben und verzieht den Mund. „Schlecht. Wir helfen uns gegenseitig, so gut wir eben können. Die Kosten für Miete und Essen teilen wir uns, und wer kein Geld hat, zahlt nichts. Auf der Straße leben soll keiner. Das Schlimme ist aber, dass auf diese Weise keiner von uns Geld nach Hause schicken kann." Ibrahim blickt auf den Boden, mit dem Fuß zeichnet er Kreise in die trockene Erde. „Aber deshalb sind wir hierher gekommen. Wir wollen das Leben unserer Familien in Afrika verbessern." Dann schweigt er.

Spitu, der die ganze Zeit stumm danebengesessen ist, sagt: „Die Überfahrt auf die Kanarischen Inseln kostet eine Menge Geld, das sich die meisten leihen müssen. Sobald sie in Europa sind, müssen sie es zurückzahlen. Sie kommen also mit einer Schuldenlast in Spanien an. Und wenn sie die nicht abbezahlen können, dann müssen ihre Angehörigen das tun – und die haben sowieso schon genug Probleme, ihr Überleben zu sichern." „Wie habt ihr euch Europa vorgestellt, bevor ihr in Spanien angekommen seid?", frage ich in die Runde. „Wir dachten, dass wir hier schnell viel Geld verdienen können", antwortet Ibrahim, ohne zu zögern. Dann lacht er bitter und sagt: „Aber das hier ist nicht Europa, Almería ist Afrika." Er macht ein Handzeichen, ich soll ihm folgen. Ich blicke Spitu an, der nickt aufmunternd, macht aber selber keine Anstalten mitzukommen.

Wir gehen durch ein dunkles Zimmer und treten in einen Innenhof, von dem mehrere Zimmer abgehen, eine Treppe führt zu einem kleinen Verschlag, der auf das alte Bauernhaus aufgesetzt ist. „Da oben wohne ich", sagt er. Ich folge ihm die Stufen hinauf zu einer klapprigen Holztür. Dahinter liegt ein etwa zehn Quadratmeter großer Raum, in dem vier schmale Matratzen liegen. Durch ein winziges Fenster fällt etwas Tageslicht ein, das Zimmer liegt in einem schummerigen Halbdunkel. Hinter einer verkratzten Plexiglasscheibe erstrecken sich bis ins Unendliche Gewächshäuser. „In Afrika habe ich besser gelebt", sagt Ibrahim. „Und wieso gehst du dann nicht zurück?", frage ich. Zum ersten Mal legt Ibrahim seine undurchdringliche Maske ab und wird nahbar; er sieht jetzt aus wie ein trauriger kleiner Junge. „Es gibt für mich kein Zurück. Nach Hause kann ich erst, wenn ich Geld verdient habe. Meine Familie hat große Hoffnungen in mich gesetzt." Als wir wieder vor die Tür des Bauernhauses treten, ist er wieder ganz der starke Anführer. „Darf ich dich anrufen, wenn ich wieder hier bin, um noch einmal über alles zu sprechen?", frage ich ihn. Er nickt nur und gibt mir seine Telefonnummer.

„Wie schaffen es die Immigranten, hierher zu kommen ohne Papiere und ohne Geld?", frage ich Spitu im Auto auf dem Rückweg nach El Ejido. „Die Polizei greift fast alle Neuankömmlinge mit Hilfe des neuen Küstenüberwachungssystems auf und bringt sie dann in eines der Internierungslager. Dort dürfen die Immigranten derzeit aber nur vierzig Tage festgehalten werden", erklärt Spitu. „Wenn in diesem Zeitraum nicht die Abschiebung erfolgt, setzen die Beamten die Migranten einfach vor die Tür und drücken ihnen einen Abschiebebescheid in die Hand. Dort steht, dass sie Spanien sofort verlassen müssen und in den nächsten fünf Jahren nicht wieder einreisen dürfen. Der Staat hat einfach nicht genügend Geld, alle Immigranten zurückzuschicken. Viele von ihnen haben auch keinen Ausweis dabei, so dass es für die Behörden nicht einfach ist, innerhalb der vierzig Tage herauszufinden, woher sie überhaupt kommen. Ibrahim haben sie sogar einmal zurück in den Senegal geflogen. Er hat sich dann sofort wieder in eines der Boote gesetzt." Spitu macht eine Pause und fährt dann fort: „Wenn die Immigranten aus den Internierungslagern entlassen werden, warten die Mitglieder von verschiedenen NGOs auf sie. Die geben ihnen für ein paar Tage eine Unterkunft und klären sie über ihre Rechte auf. Dann versorgen sie sie mit Bustickets, damit sie dorthin fahren können, wo sie jemanden kennen – die meisten haben Freunde oder Bekannte in Spanien." „Und was sagt der Staat dazu?" Spitu zuckt mit den Schultern. „Mittlerweile gibt es eine ganze Industrie, die von den illegalen Einwanderern lebt. Das Obst und Gemüse aus Spanien könnte ohne sie nicht so billig auf den Markt kommen. Dass es hier relativ einfach ist, ohne Papiere Arbeit zu finden, hat sich natürlich schnell unter den Immigranten herumgesprochen. Die meisten versuchen irgendwie nach Almería zu kommen." Auf dem Heimweg gehen mir das triste Zimmer und das graue Plastikmeer der Gewächshäuser nicht mehr aus dem Kopf. Ich sehe Ibrahims trauriges Gesicht vor mir, als er sagte, er könne nicht zurück in seine Heimat, ohne Erfolg gehabt zu haben. Seine Geschichte hat mich gepackt. Zu Hause überarbeite ich meinen Antrag für das Recherchestipendium und schicke ihn noch am gleichen Abend ab.

August

Andalucía, mi amor

Der Bauch von Nicole, der Chefin vom Dienst, scheint jeden Moment platzen zu können. Wie jeden Freitagvormittag sitzt sie aufrecht auf ihrem Stuhl und verteilt mit fester Stimme die Themen für die nächste Woche. Ich kann meinen Blick nicht von ihrem Unterleib losreißen. „Wann ist es so weit?", frage ich sie, sobald wir den Konferenzraum verlassen. „Nächste Woche habe ich den Geburtstermin. Ich habe total Angst", antwortet sie und kaut auf ihrer Unterlippe. „Die Hebamme hat uns erzählt, dass es hier im Krankenhaus vor allem schnell gehen soll. Ehe man sich versieht, bekommt man Spritzen gesetzt, damit die Wehen schneller einsetzen, es wird ein Dammschnitt gemacht ..." Nicole verzieht das Gesicht. „Und dann rückt mir bestimmt auch noch die ganze Verwandtschaft von meinem Freund auf die Pelle." Sie sieht nicht gerade glücklich aus. Ich frage, ob sie Lust auf einen Kaffee in der Bar gegenüber hat.

Gemeinsam verlassen wir das unterkühlte Redaktionsgebäude, in dem man jetzt im Hochsommer nicht das langärmelige T-Shirt vergessen darf, weil die Klimaanlage auf Hochtouren läuft. Draußen zeigt die digitale Temperaturanzeige an der Straßenkreuzung 38 Grad an. Ich habe das Gefühl, eine Sauna zu betreten. Nicole stöhnt. Ob mein Vorschlag so eine gute Idee war? In der Bar bestellen wir Café con Hielo, Kaffee mit Eiswürfeln, und lassen uns an einem der Tische im Inneren des Lokals nieder, wo ein Ventilator für einen leichten Luftzug sorgt. Es dauert eine Weile, bis Nicole ansetzt: „Versteh mich nicht falsch, ich freu mich total auf mein Baby. Aber bei allem, was ich bisher darüber gehört habe, wie Geburten hier ablaufen, stellen sich bei mir die Nackenhaare auf." „Ist es denn in Deutschland besser?" „Ich habe ein paar Freundinnen, die schon Kinder haben, und keine hat mir bisher solche Horrorstorys erzählt." In den nächsten zehn Minuten berichtet sie mir von den Geburten, die sie bei Cousinen ihres Freunds miterlebt hat. Wegen dieser Erfahrungen blickt sie auch mit Grauen darauf, was nach der Geburt auf sie zukommt: „Kaum ist das Baby da, steht schon die Großfamilie am Krankenbett Schlange und will das Kind in Augenschein nehmen. Man fühlt sich eher wie bei einer Familienfeier als in einem Krankenhaus, nur dass man selbst einfach nicht auf der Höhe ist. Dass man sich in dem Moment gerade nicht danach fühlt, Besuch zu empfangen, versteht hier in Spanien aber keiner. Meinen Freund habe ich schon ein paar Mal gebeten, mir seine Familie vom Leib zu halten, aber er sagt nur, dass er seine Mutter bestimmt nicht davon abbringen kann, ihr Enkelkind zu sehen."

Nach dem Kaffee „on the rocks" verabschiede ich Nicole, die wieder im Kühlhaus verschwindet, und schwinge mich auf meine Vespa, um nach Hause zu fahren. Als ich Jaime von Nicoles Ängsten vor der Großfamilie erzähle, nickt er heftig. „Natürlich bekommt jemand, der im Krankenhaus liegt, ständig Besuch. Es ist schließlich ein ziemlich trister Ort. Als meine Schwester mit einem gebrochenen Bein im Krankenhaus lag, hat immer einer von uns bei ihr die Nacht verbracht, und meine Mutter hat ihr jeden Tag etwas zu Essen gekocht." Jaime kann überhaupt nicht nachvollziehen, dass Nicole nach der Geburt unbedingt alleine sein will. „Ihr Deutschen seid echt seltsam", sagt er nur und schüttelt den Kopf, als ich ihm zu verstehen gebe, dass ich ihren Wunsch nach Intimität gut verstehe. Dann schiebt er hinterher: „Aber wenn du nach der Geburt unseres Kindes gern allein sein willst, verhänge ich natürlich striktes Besuchsverbot."

Jaime grinst breit. Erst kürzlich haben wir über das Thema Kinder gesprochen. Er hätte gar nichts dagegen, bald Vater zu werden. Für mich sind solche Pläne allerdings noch Zukunftsmusik, am liebsten würde ich gar nicht darüber reden. Doch seitdem kramt Jaime das Thema immer wieder hervor, er will mich aus der Reserve locken. „Bist du sicher, dass du dir für die Familiengründung die Richtige ausgesucht hast? Ich kann doch nicht mal kochen", kontere ich und lenke unser Gespräch schnell auf ein anderes Thema.

„Barbara hat mir heute am Telefon gesagt, dass wir am Wochenende unbedingt die Serranía de Ronda besuchen müssen. Gleich zwei Events stehen auf dem Programm: ein Künstlertreffen in Genalguacil und das Moros-y-Cristianos-Fest von Benalauría." Die weißen Dörfer sind fast alle Gründungen der Mauren und auch nach der Eroberung durch die Christen lebten die Muslime vorerst weiter in den weißen Dörfern. Die Katholischen Könige siedelten in den Bergorten aber auch Christen an, um ihre Herrschaft in den Gebieten zu sichern. Das Zusammenleben der beiden Religionsgruppen hielt viel Konfliktpotential bereit und es kam bald zu Auseinandersetzungen. Des ersten Aufstands gedenken die Bewohner von Benalauría jedes Jahr im August mit einem großen Straßentheater, bei dem alle Bürger mitmachen. Ein Teil verkleidet sich als Mauren, die anderen als Christen. Mindestens genauso spannend wie das Rollenspiel klingt das Künstlertreffen in Genalguacil. Barbara wird dort mit einer Parallelausstellung für ihr Kulturtourismusprojekt werben, heute Abend will sie eine große Feier machen, zu der sie alle Künstler eingeladen hat, die wir interviewt haben.

Während an den Küstenorten jetzt im Sommer das Leben tobt und am Strand kaum mehr Platz für ein Handtuch ist, verlangsamt sich das Leben in den Bergen. Vierzig Grad im Schatten zeigt das Thermometer fast den ganzen Tag an. Um zwölf wird das Tempo heruntergefahren, die Menschen schleichen durch die Gassen. Um zwei ist Essens- und danach erst mal Siestazeit. An allen Fenstern sind den ganzen Tag über die Jalousien heruntergelassen, um die heißen Sonnenstrahlen auszusperren. Erst am Abend kommen die Bewohner allmählich wieder aus den Häusern hervor. Doch in Genalguacil ändert sich alle zwei Jahre im August dieser Rhythmus. Das abgelegene Dorf lädt Künstler ein, zehn Tage lang im Ort kreativ zu werden. Unterkunft und Material zahlt die Gemeinde. Das Werk bleibt im Gegenzug im Ort. Seit mehr als zwanzig Jahren finden „Los Encuentros – Die Treffen" statt. Mittlerweile ist ein kunterbuntes Freilichtmuseum entstanden. Auch Barbara hat schon einmal an den Treffen teilgenommen, dieses Mal werden zwei Freunde von ihr zu Werke sein.

Eine ebenso schmale und kurvige Straße wie diejenige, die nach Benalauría führt, schlängelt sich auch bis nach Genalguacil. Hinter dem Dorf geht es nur auf einer Forststraße weiter, die immer tiefer in den Wald hineinführt. Am späten Nachmittag kommen wir in Genalguacil an. Obwohl ich ein kurzes, dünnes Sommerkleid trage, habe ich das Gefühl, ein Pelzmantel würde mich umhüllen. Der Schweiß rinnt an meinem Körper herab, das Kleid klebt auf der Haut. Den Dorfbewohnern scheint die Hitze jedoch nichts anzuhaben, es herrscht Ausnahmezustand. In den engen Gassen laufen Handwerker und Elektriker hin und her, Fremdenführer studieren Informationen über das Dorf ein, und die Rathausangestellten koordinieren alles hektisch. Morgen ist der erste offizielle Tag des Treffens, die Künstler trudeln gerade ein und mit ihnen die ersten Besucher. Derweil sitzen die Dorfältesten ruhig auf den Holzbänken, die auf kleinen schattigen Plätzen stehen, und beobachten das Geschehen.

Wir machen uns auf die Suche nach Barbara, die ihre Ausstellung in der Grundschule vorbereitet. Und dort finden wir sie auch: auf einem wackeligen Stuhl, einen Nagel in die Wand hämmernd. „Hola", sagt sie, als sie uns sieht, und fügt im selben Atemzug hinzu: „Gebt mir mal das Bild dort." Ich reiche ihr eine düstere Kohlezeichnung. Mehrere halb nackte Männer bewegen mit großer Anstrengung ein riesiges Zahnrad, das eine komplizierte Maschine in Gang hält. Das Bild könnte eine Szene aus Fritz Langs Metropolis darstellen. „Das Bild ist von Ángel, es ist eine Studie zu seinen Skulpturen. Die Serie soll das Los der andalusischen Landbevölkerung darstellen, die ihr ganzes Leben der körperlichen Arbeit widmen", sagt Barbara. Sie hängt das Bild an den Nagel und bittet uns, ihr dabei zu helfen, es geradezurücken. Erst als das geschafft ist, steigt sie vom Stuhl und umarmt uns. „Ihr seid die Ersten, die da sind. Ich habe eine Menge Leute eingeladen, hoffentlich ist viel los." Jaime und ich helfen ihr, die übrigen Bilder und Skulpturen in Szene zu setzen. Als wir fertig sind, frage ich, ob sie noch Zeit hat, uns zu den schönsten Werken des Orts zu führen. Es ist sieben Uhr, in einer Stunde soll die Vernissage beginnen. Kurzerhand hängt Barbara einen Zettel mit ihrer Nummer an die Tür der Schule, und schon läuft sie durch die Gassen, wir hinterher.

Die Hitze scheint ihr wenig anzuhaben. Nur mit Mühe können wir mit ihr Schritt halten, der Schweiß läuft mir jetzt von der Stirn. Vor der Bushaltestelle am Dorfeingang bleiben wir stehen. In einer Ecke sitzt eine Gestalt aus Pappmaché, ihr Blick ist melancholisch auf das weite Tal des Genals gerichtet, neben ihr steht ein Koffer. Daneben ist eine Plakette aus Metall angebracht, auf der „El Emigrante – Der Auswanderer" steht. Darunter Barbaras Name. „Die

Skulptur habe ich vor mehr als zehn Jahren hier in Genalguacil gemacht. Damals war ich als ausländische Künstlerin bei den Encuentros der Exot, mittlerweile sind die Treffen viel internationaler geworden." Die Sonne brennt immer noch so heiß vom Himmel, als wäre es Mittag. Barbara steuert auf eine Quelle zu, die schon von weitem als Kunstwerk zu erkennen ist. Anstatt aus Wasserhähnen sprudelt es aus mehreren Eselsköpfen. Wir trinken und spritzen uns Wasser auf Gesicht und Arme.

„Wie kam es denn zu dem Treffen?", frage ich. „Vor fast zwanzig Jahren überlegte sich der damalige Bürgermeister von Genalguacil, wie seine Gemeinde vom Boom des Turismo rural, des Tourismus auf dem Land, den die Region gerade erlebte, profitieren könnte", erzählt Barbara, während sie weiterläuft. „Er war schon damals ein großer Kunstliebhaber. Deshalb brauchte er nicht lange, um auf eine geniale Idee zu kommen: Das Dorf selber sollte zum Museum werden. Er dachte nicht etwa an traditionelle Werkzeuge in Heimatmuseen, wie sie fast alle anderen Bergdörfer einrichteten, sondern an richtige Kunstwerke, die Touristen bringen sollten. Spanische und internationale Künstler sollten in die Berge kommen und gegen Speis, Trank und Logis dem Dorf ein Kunstwerk hinterlassen." Barbara unterstreicht jeden ihrer Sätze mit kräftigen Handbewegungen. Ihre Begeisterung für den Bürgermeister und das Projekt ist nicht zu übersehen. „Gesagt, getan. Es dauerte nicht lange, da waren die Subventionen für das erste Treffen bestätigt und die Rathausangestellten von Genalguacil mauserten sich zu Kunstkritikern. Sie mussten eingereichte Projekte begutachten und auf deren Tauglichkeit für Dorf und Gemeinschaft beurteilen."

Während wir Barbara durch die Gassen folgen, entdecken wir dunkle, an Häuserwände gemalte Gestalten und Katzen aus Ton, die sich auf den Dächern verstecken. Einmal stolpern wir fast über einen Salamander aus Mosaiksteinen auf dem Boden. Wir gelangen zu einem Aussichtspunkt, an dem zwei große, ineinander verschlungene Eisenstangen in der Sonne glitzern. Von hier hat man einen tollen Blick auf das Dorf, das sich rechts von uns an den Hang schmiegt, vor uns breitet sich das Tal des Flusses Genal aus, das Korkeichen- und Kastanienwälder überziehen.

Barbara blickt auf ihre Uhr, es ist fast acht. Wir machen uns auf den Weg zur Schule, aber Barbara hat sich anscheinend vorgenommen, uns die Geschichte von Genalguacil zu Ende zu erzählen, noch bevor wir den Ausstellungssaal erreichen: „Die Idee fand zuerst nicht bei allen Bewohnern Anklang. Viele, vor allem ältere Menschen, standen dem Projekt, das Dorf mit Kunstwerken zu verzieren, ziemlich skeptisch gegenüber. Doch mittlerweile gibt es in dem gesamten Dorf nur noch Kunstliebhaber." Als hätte Barbara sie bestellt, passieren wir genau in dem Moment eine alte Dame, die in einem Sessel sitzt, den einer der Künstler eines früheren Treffens aus einem Baumstamm geschnitzt hat. Als ich sie frage, ob der Stuhl gemütlich sei, antwortet sie begeistert, es sei ihr Lieblingsplatz. „Dass die Kunst mittlerweile alle gut annehmen, hat viel mit der Ausschreibung des Treffens zu tun. Die Projekte sollen sich mit den Problemen des ländlichen Lebens und mit der Landschaft und der Natur der Gegend beschäftigen", erklärt Barbara, als sie die Tür der Schule aufschließt. „Wie die Treffen ablaufen, werdet ihr morgen ja dann selber sehen."

Wir helfen Barbara, Stühle und Tische in den Innenhof zu tragen, für die Vernissage hat sie ein paar Flaschen Wein, Brot, Käse und Chorizo mitgebracht. Und auch an einen CD-Player und ein Verlängerungskabel hat sie gedacht. Wir breiten alles auf dem Tisch aus, legen eine CD von Flamencosänger Diego el Cigala ein, auf der ihn der Buena-Vista-Social-Club-Star Bebo Valdés begleitet. Und dann lassen wir uns auf den Stühlen nieder, und Jaime entkorkt eine Flasche Rotwein. Zwar können wir nur mit Plastikgläsern anstoßen, der gemütlichen Stimmung tut das aber keinen Abbruch.

Kaum haben wir den ersten Schluck zu uns genommen, kommen schon die ersten Gäste. Barbara springt auf und führt die beiden in den Ausstellungssaal. Während der nächsten zwei Stunden reißt der Strom der Neuankömmlinge nicht ab. Alle müssen zuerst zu den Bildern, danach versammeln sie sich im Innenhof bei einem Becher Wein. Das Stimmengewirr übertönt bald die Klavierklänge von Valdés und die Flamencostimme von el Cigala.

Langsam bricht die Dämmerung herein. Jaime und ich verlassen den vollen Innenhof und ziehen hinaus in die menschenleeren Gassen. Wir sind erst ein paar Schritte gegangen, schon ertönt auch von anderer Seite Stimmengewirr. Je näher wir dem Dorfplatz rücken, umso lauter wird es. Hier haben sich die geladenen Künstler und die Dorfbewohner versammelt, an einem Ende des Platzes ist eine kleine Bühne aufgebaut. Noch ist aber kein Musiker zu sehen, weshalb wir weiter zu dem Aussichtspunkt ziehen, an dem wir zuvor mit Barbara waren. Dort setzen wir uns nebeneinander auf den von den Sonnenstrahlen aufgewärmten Terrakottaboden und blicken aufs Tal, über dem gerade die Sonne untergeht. Ich lehne meinen Kopf an seine Schultern, er legt seinen Arm um mich. Das intensive Aroma eines nahen Jasminstrauchs weht zu uns herüber.

„Sag mal, bist du nicht zufrieden, wie bisher alles gelaufen ist?“, fragt mich Jaime. Ich bin nicht sicher: Meint er unsere Beziehung oder meine Arbeit? Aber weil ich mit beidem glücklich bin und den romantischen Moment nicht zerstören will, sage ich schnell: „¡Claro que sí! Klar!“ „Du weißt ja, dass ich die Wohnung renovieren will“, setzt er dann an. „Und da wollte ich dich fragen, was du von meinen

Plänen hältst. Schließlich ist es jetzt auch dein Zuhause." Wir lösen uns aus der Umarmung und er setzt sich vor mir im Schneidersitz hin. Bedächtig dreht er sich eine Zigarette, den ersten Zug inhaliert er tief ein. Auch ich sage nichts, sondern sehe ihn nur erwartungsvoll an. Dann beginnt er voller Eifer, mir jedes Detail seiner Umbaupläne zu erzählen. Dabei malt Jaime mit einem Finger die einzelnen Zimmer der Wohnung auf den Boden. Die eingezogenen Decken der Dachwohnung möchte er entfernen, den Dachstuhl freilegen, so dass wir zwei Stockwerke unterbringen. Er will einen Terrakottaboden verlegen und Dachfenster einbauen, damit das obere Geschoss genutzt werden kann. Als Jaime zu Ende erzählt hat, blickt er mich mit großen Augen an. Während ich seinen Ausführungen gelauscht habe, habe ich mir Gedanken gemacht, was das alles für uns bedeutet. Wir würden beide viel Energie und Zeit in ein gemeinsames Projekt stecken. „Das wird eine echte Probe für unsere Beziehung, es wird bestimmt viele Spannungen geben, denn so ein Umbau ist vor allem Stress", kommt Jaime mir zuvor. „Aber dafür wissen wir danach mehr über uns."

Ich empfinde tiefe Bewunderung für Jaime. Es ist toll, dass er so genau weiß, was er will, und die Zukunft zielstrebig angeht. Nur einen Einwand habe ich: „Heißt das, dass wir jetzt immer in Málaga wohnen bleiben?" „Auf diese Frage habe ich schon gewartet. Mittlerweile kenne ich dich doch ziemlich gut", sagt er und lächelt. „Natürlich können wir die Wohnung auch vermieten, wenn wir mal woanders hingehen wollen." Jetzt lächele auch ich und sage: „Ja, ich will mit dir unsere Wohnung renovieren." Jaime setzt sich wieder an meine Seite, umarmt mich mit beiden Armen. Und für einen langen Moment bleiben wir so auf den warmen Kacheln sitzen, die Sterne leuchten am Nachthimmel. Nachdem wir in einer der Bars ein paar Tapas und ein Bier zu uns genommen haben, ziehen wir uns in unseren Bus zurück, wo Jaime wieder unser Nachtlager aufgeschlagen hat. Geparkt hat er ihn unter einem Kastanienbaum, damit am nächsten Morgen die Sonnenstrahlen erst spät auf das Dach treffen.

In den Gassen herrscht wieder reges Treiben, als wir gegen zehn Uhr vormittags aus dem Bus klettern. Die geladenen Künstler sind anscheinend, kaum angekommen, sofort zur Tat übergegangen. Auf dem Weg zur Frühstücksbar treffen wir auf eine Fotografin, die nach Motiven sucht, einen Bildhauer, der an einer Brüstung den geeigneten Untergrund für seine Skulptur schafft, und einen Maler, der sein Werk an eine weiß gekalkte Hauswand skizziert. Alle drei sind umringt von neugierigen Dorfbewohnern, die einfach nur zusehen, aber auch mal kritische Kommentare liefern.

In der Bar fragen wir den Kellner gleich, was er von dem Trubel hält. „Ich finde es toll", antwortet er sofort. „Am meisten mag ich es, wenn die Künstler uns mit einbeziehen. Ein Fotograf hat uns mal gebeten, ihm unsere Lieblingsmotive zu zeigen. Die hat er dann wunderschön in Szene gesetzt. Und ein Maler hat den Kindern einen Tag lang ausführlich erklärt, wie ein Bild entsteht. Für uns sind die zwei Wochen mit den Künstlern wirklich ein Riesengewinn", sagt er, während er unseren Milchkaffee und die Tostadas vorbereitet. Eine Frau, die neben uns an der Theke sitzt, greift seine Worte auf: „Die Idee der Treffen ist auch, dass die Dorfbewohner Menschen und Kulturen aus der ganzen Welt kennenlernen, neue Eindrücke gewinnen, und das ohne den Fuß vor die Dorfgrenzen zu setzen." Dann erklärt sie entschuldigend: „Tut mir leid, dass ich so in euer Gespräch platze, aber das Thema liegt mir sehr am Herzen, ich bin nämlich die Bürgermeisterin." Die Gelegenheit, mit der Kuratorin der Ausstellung zu sprechen, lasse ich mir natürlich nicht entgehen, und ich frage sie, wie das Auswahlverfahren abläuft. Bereitwillig erklärt sie mir, dass zu den Treffen etwa dreimal so viele Vorschläge eingesandt werden, wie umgesetzt werden können. „Bei der Endauswahl geht es dann vor allem darum, ob es einen geeigneten Platz für das Werk gibt und ob es ins Dorfbild passt. Die Künstler müssen eine Skizze mitschicken, damit wir uns das gut vorstellen können."

Wir wünschen ihr weiterhin viel Erfolg mit den Treffen und laufen dann durch die Gassen hinunter zur Schule. Auf dem Weg erfrischen wir uns an einem Brunnen, in dessen Mitte eine abstrakte Skulptur thront. Barbara ist gerade mit einem britischen Urlauber in ein Gespräch vertieft; Thema: die Serie von Ángel über das andalusische Arbeiterleben. „Die Vernissage war total erfolgreich", begrüßt uns Barbara begeistert. „Es waren wirklich viele Leute da, und ich habe eine Menge Flyer mit Informationen über unser Projekt verteilt." Barbara zählt eine lange Liste von Würdenträgern und Künstlern auf, die gestern noch bei ihr waren. Mehrmals versichern wir ihr, wie sehr wir uns freuen, dass alles so gut geklappt hat. „Wir fahren jetzt nach Benalauría zu dem Moros-y-Cristianos-Fest. Kommst du mit?", will ich dann wissen. „Das geht leider nicht, ich muss hier die Stellung halten." Barbara kramt in ihrer Tasche und fischt einen dicken Schlüsselbund hervor. „Ihr könnt aber gern bei mir übernachten. Bringt den Schlüssel morgen einfach wieder vorbei, wenn ihr nach Hause fahrt."

Der kleine Parkplatz am Ortseingang von Benalauría ist voll, auf der Zufahrtsstraße reihen sich einige hundert Meter weit Autos aneinander. Als wir auf der Hauptgasse des Dorfs zum Dorfplatz laufen, empfängt uns Trommelmusik, die immer schneller und lauter wird. Auf dem Platz stehen als Christen verkleidete Dorfbewohner mit schwarzen Hosen, weißen Blusen und bunten Westen. Ihnen gegenüber:

düster dreinblickende Gestalten. Die „Mauren" haben sich lange Kittel über weite Hosen gezogen, auf dem Kopf Tücher drapiert, die Frauen tragen marokkanische Kleider. Die dramatische Trommelmusik soll die Schlacht zwischen den beiden Lagern symbolisieren. Unser Freund Juan, der mit Ruß im Gesicht und einem langen Kittel einen Mauren darstellt, hat uns entdeckt und steht plötzlich neben uns. „Wollt ihr auch mitmachen?", fragt er. „Ich habe bei Barbara ein paar Sachen aus Marokko." Wir folgen ihm schnell, um nichts von der Vorführung zu verpassen. Ich schlüpfe in ein weites, türkisfarbenes Kleid, Juan schmiert uns ebenfalls etwas Ruß ins Gesicht und bindet Jaime ein weißes Tuch um den Kopf. Dann gehen wir wieder nach oben.

Die Kampfhandlung ist noch im vollen Gange. „Wir stellen den ersten Aufstand der Mauren unter christlicher Vorherrschaft nach", raunt Juan uns zu. „Die Katholiken haben die Friedensverträge nicht respektiert, in denen den Muslimen Religionsfreiheit und eigener Besitz zugesichert wird. Deshalb haben die Mauren zum Aufstand gerufen. Er begann in der Alpujarra und breitete sich wie ein Waldbrand schnell in der ganzen Region aus." Plötzlich hält einer unter uns Mauren die Statue des Schutzheiligen des Dorfs, Santo Domingo de Guzmán, in den Händen und macht Anstalten sie fortzutragen. Die Christen verfallen in ein kollektives Wehklagen. Juan schubst uns an: „Hey, wir müssen den Mauren folgen." Wir sammeln uns in einer Ecke des Dorfplatzes. Einer tritt hervor und spricht zu den Christen. „Ihr müsst uns Geschenke und Gold bringen, um euren geliebten Heiligen zurückzubekommen." Tatsächlich bildet sich gleich eine lange Schlange vor unserer Gruppe, die Christen laden Körbe mit Melonen, Kakis und Mandeln vor uns ab, manche stecken auch Geldscheine in ein dickes Sparschwein, das plötzlich wie aus dem Nichts aufgetaucht ist. „Das Geld bekommt der Verein, der die Feier organisiert", erklärt Juan, der meinen erstaunten Blick bemerkt hat.

Nachdem wir eine lange Reihe von Präsenten entgegengenommen haben – von der Rückgabe des Heiligen ist noch nicht die Rede –, ist Zeit zum Mittagessen. „Es geht erst am Nachmittag weiter. Ich habe alle Zutaten da, um Gazpacho zu machen. Habt ihr Lust?", fragt Juan. In der heißen Jahreszeit gibt es kein besseres Mittagessen als die kalte andalusische Tomatensuppe. Ohne zu zögern, folgen wir ihm wieder zu Barbaras Wohnung.

„Wir gehen jetzt auch unter die Bauarbeiter", sagt Jaime, als wir alle drei in der Küche stehen und Tomaten, Gurken, grüne Paprika, Zwiebeln und Knoblauch klein schneiden. Juan sieht Jaime fragend an. „Wir werden die Wohnung renovieren", sagt er freudestrahlend und fängt an, seine Pläne detailliert zu erzählen. „Wollt ihr das alles selber machen?", fragt Juan voller Respekt und blickt mich fragend an. „Ich habe so etwas noch nie gemacht ...", sage ich leicht verunsichert. „Du wirst schon sehen, das macht Spaß. Vor allem, wenn du die Fortschritte siehst", sagt Jaime schnell.

Juan gibt die zerhackten Tomaten, Zwiebeln und Knoblauch in eine Kanne und zerbröselt noch ein altes Brot. Dann mixt er alles mit dem Pürierstab. Er holt drei Schalen aus einem der Schränke und gießt die hellrote Flüssigkeit hinein. Die geschnittene Gurke und die Paprika streut er darüber, in jede Schale legt er noch einen Eiswürfel. Fertig ist unser Mittagessen. Wir tragen alles auf einem Tablett hinaus auf die Terrasse, die jetzt am frühen Nachmittag im Schatten liegt. Schweigend vertilgen wir die kalte Suppe.

„Juan, ich werde bald deine Hilfe brauchen", sage ich, als wir fertig sind. „Ich werde einen Wanderführer über Andalusien schreiben und bin deshalb auf der Suche nach den schönsten Routen." Juan ist begeistert. „Natürlich helfe ich dir. Vor allem hier in der Serranía de Ronda und in den

Naturparks Sierra de las Nieves und Sierra de Grazalema kenne ich mich wirklich gut aus. Sobald es etwas kühler wird, Ende September, können wir loslegen." Und mit einem Seitenhieb zu Jaime fügt er an: „Das heißt, an manchen Wochenenden musst du alleine in der Wohnung werkeln." „Das kommt gar nicht in Frage, Jaime kommt natürlich mit. Dann dauert der Umbau eben etwas länger", sage ich.

Am Nachmittag schaffen es die stark angeschlagenen Christen, in einem gewagten Manöver die beiden Söhne des Maurenanführers zu entführen. In einer langen Verhandlung kommen die beiden Lager überein, dass die Mauren den Schutzheiligen zurückgeben, wenn die Christen im Gegenzug die Söhne des Anführers freilassen. Doch als die Christen ihren Teil der Abmachung erfüllt haben, machen die Mauren keine Anstalten, die Statue herauszurücken. Wutentbrannt rufen die zahlenmäßig unterlegenen Christen zum Angriff. In einer kurzen Schlacht bezwingen sie die Mauren und stellen sie vor die Wahl: Entweder sie konvertieren zum Christentum oder sie verlassen Spanien. Die Musikkapelle spielt auf und Mauren und Christen versammeln sich gemeinsam vor der großen Bar auf dem Platz, wo Bier und Wein ausgeschenkt wird.

„Die meisten Mauren sind dann zum Christentum übergetreten und hießen ab sofort Morisken – also konvertierte Muslime. Aber heimlich praktizierten sie natürlich weiter den muslimischen Glauben. Die Christen unterdrückten sie jedoch immer mehr und nahmen ihnen nach und nach ihren gesamten Besitz weg", erklärt uns Juan, als wir, immer noch als Mauren verkleidet, schon gemütlich mit Christen am Biertisch sitzen. „Deshalb kam es zu weiteren Aufständen, und im Jahr 1570 wurden alle Mauren, auch die Konvertiten, endgültig des Landes verwiesen." „Dafür kommen die Muslime jetzt wieder zurück, und viele Spanier konvertieren zum Islam", ergänze ich. „In Granada gibt es schon eine riesige islamische Gemeinde, der Präsident war früher Katholik." „Auch in Málaga gibt es mittlerweile eine riesige Moschee", fügt Jaime hinzu.

Bis spät in die Nacht bleiben wir auf der Bierbank sitzen und reden über das Erbe der Mauren in Andalusien. Nur ab und zu steht einer auf, um Bier und einen Teller mit Käse- und Schinkenaufschnitt zu holen. „Den schönsten Nachlass der Mauren findest du übrigens in Córdoba", sagt Juan zu später Stunde und nach weiterem Bierkonsum. Ich denke natürlich gleich an die Mezquita, aber Juan sorgt schnell für Aufklärung. „Dort gibt es die schönsten Mädchen in ganz Spanien. Sie haben einen arabischen Einschlag, schwarze Haare, dunkle Mandelaugen und wunderschöne Gesichter."

Als wir am nächsten Tag nach Hause fahren, machen wir an der Küste in Cabo Pino halt, um uns zu erfrischen, denn die Temperaturen denken nicht an Rückzug. Es ist der letzte halbwegs ursprüngliche Strandabschnitt zwischen Málaga und Marbella, hier hat Jaime als Jugendlicher im Sommer an einem Strandkiosk bedient und im Winter die Liegen, die damals noch aus Holz waren, abgeschliffen und neu angestrichen. Hier gibt es noch echte Sandstrände, dahinter liegt ein Pinienwäldchen, das dem Kap seinen Namen gegeben hat. Sogar das Meer ist hier sauber. Ein bisschen erinnert mich die Landschaft an Doñana.

„Andalusien ist wirklich wunderschön", sage ich zu Jaime, als wir uns nach einem erfrischenden Bad in den Sand legen. „Noch schöner bist du", antwortet Jaime, er lacht und umarmt mich. „Sei doch nicht so kitschig", sage ich und winde mich aus der Umarmung. „So sind wir hier eben."

Zu Hause finde ich am Boden, zwischen den Tageszeitungen, die sich in den beiden Tagen angesammelt haben, einen an mich adressierten Brief. Der Absender ist die Stiftung, bei der ich den Antrag für das Recherchestipendium eingereicht habe. Mein Herz klopft heftig, ich reiße den Umschlag auf, fingere nervös das Schreiben heraus. „Wir freuen uns ...“ steht dort. Ich lese nicht mehr weiter, sondern falle Jaime, der hinter mir im Türrahmen steht, um den Hals. „Ich kann es nicht fassen“, sage ich mehrmals hintereinander. „Sie haben mir das Stipendium gegeben!“ Während ich die Treppe nach oben gehe, überfliege ich das restliche Schreiben. Sechs Monate habe ich Zeit, das Thema zu recherchieren und zu bearbeiten, während dieser Zeit steht mir ein Mentor zur Seite. Jaime lässt sich von meiner Hochstimmung anstecken und dreht die Musikanlage auf, aus den Boxen dröhnt Chambaos „Pokito a Poko – Schritt für Schritt“. Wir tanzen durch die Wohnung, bis wir vor Erschöpfung aufs Sofa fallen. Unsere Gesichter sind ganz nah beieinander. Ich spüre Jaimes Atem, seine Augen sind genau vor meinen. „Ich freue mich auf das nächste Jahr“, sage ich.